国家社会科学基金项目：可变利益实体下我国引入双重股权结构的
制度设计与风险防范研究（项目编号：16CGL014）

江西省社会科学规划项目：高质量发展战略下国有企业公司治理有效性评价
及提升路径研究（项目编号：23GL45D）

# 可变利益实体下
# 我国引入双重股权结构的
# 制度设计与风险防范研究

张横峰　著

中国财经出版传媒集团
经济科学出版社
Economic Science Press
北京

图书在版编目（CIP）数据

可变利益实体下我国引入双重股权结构的制度设计与
风险防范研究/张横峰著．－－北京：经济科学出版社，
2024.6

ISBN 978 – 7 – 5218 – 5828 – 0

Ⅰ．①可… Ⅱ．①张… Ⅲ．①股权结构－研究－中国
Ⅳ．①F121.26

中国国家版本馆 CIP 数据核字（2024）第 079892 号

责任编辑：何　宁
责任校对：孙　晨
责任印制：张佳裕

**可变利益实体下我国引入双重股权结构的制度设计与风险防范研究**

KEBIAN LIYI SHITIXIA WOGUO YINRU SHUANGCHONG GUQUAN JIEGOU DE

ZHIDU SHEJI YU FENGXIAN FANGFAN YANJIU

张横峰　著

经济科学出版社出版、发行　新华书店经销

社址：北京市海淀区阜成路甲 28 号　邮编：100142

总编部电话：010 – 88191217　发行部电话：010 – 88191522

网址：www. esp. com. cn

电子邮箱：esp@ esp. com. cn

天猫网店：经济科学出版社旗舰店

网址：http: //jjkxcbs. tmall. com

北京密兴印刷有限公司印装

710 × 1000　16 开　13.5 印张　201000 字

2024 年 6 月第 1 版　2024 年 6 月第 1 次印刷

ISBN 978 – 7 – 5218 – 5828 – 0　定价：58.00 元

（图书出现印装问题，本社负责调换。电话：010 – 88191545）

（版权所有　侵权必究　打击盗版　举报热线：010 – 88191661

QQ：2242791300　营销中心电话：010 – 88191537

电子邮箱：dbts@ esp. com. cn）

# 前　言

　　良性的公司股权制度设计是企业长久发展的基础。公司的股东大会和股东团队统领公司宏观战略的制定和重要事项的表决，因此稳定的股权结构是公司治理的基石，稳定性涉及控股股东的相对稳定、整体结构的合理与否。不合理的公司股权结构将会埋下隐患，在公司后期发展中成为负面因素。我国公司的股权结构无论在创立之初还是上市融资过程中都会在很大程度上受传统"同股同权"原则的影响。

　　近年来，我国备受瞩目的新经济企业诸如阿里巴巴、百度、京东等，为了能够运用双重股权结构制度，纷纷远赴境外资本市场上市。这种新型公司治理结构不同于"同股同权"的股权结构，与现行《中华人民共和国公司法》（2018 年修正）（以下简称现行《公司法》）的要求相背离，一方面说明我国对公司股权结构的规定已经不能适时满足企业需求；另一方面，由于历史原因，我国资本市场"一股独大"、股权过于集中、证券交易市场投资过于分散等问题长期存在，严重制约了我国资本市场的健康发展。2015 年的"万宝之争"，提醒着整个金融市场，我国相关股权结构亟待改革，相关法律规范亟待完善。

　　美国近二十年间采用双重股权结构的公司比例相对比较稳定，没有太大波动，公司市值有明显上升的趋势。越来越多的上市公司采用了双重股权结构，其稳定的增长态势说明美国双重股权结构制度规范化后，适用其制度的上市公司发展稳健。在这种市场趋势引导下，我国证券市场逐渐开始接纳同股不同权架构。港交所于 2018 年 4 月发布的 IPO 规定中指出港交所将允许双重股权结构公司上市，并于当月底开始接收相关企业的上市申请。2019 年 4 月修订的《上海证券交易所科创板股票上市规则》允许设置差异化表决权结构的企业上市，也是我国境内首次尝试双重股权结构。

综上所述，双重股权结构作为特殊的资本结构安排，在西方国家已被证明是保障公司建立高效管理团队的有效手段。相对于一股一权的股权制度，双重股权结构允许股份公司发行不同类型的股票，允许每股股份有多个投票权，以保证公司创始人、大股东对公司的控制权，同时有效避免了外部股东和管理层大多数只关心公司的短期业绩，而不注重公司长期发展的弊端。因此，对双重股权结构开展相关研究，并适时引入双重股权结构，提升我国公司治理水平具有现实的紧迫性和必要性。

纵览相关文献，国内外学界不断深入开展的双重股权结构研究体现了对股东权益保护和企业可持续发展的思考深度，取得了丰富的研究成果，无疑对本书的研究具有重要的借鉴意义和参考价值。但目前相关文献仍存在以下不足或可以继续深入研究的地方：（1）现金流权与控制权分离的影响因素及经济后果研究多，但对我国引入双重股权结构问题研究较少；（2）现有文献较少涉及引入双重股权结构如何实现法律层面与公司制度层面的匹配问题；（3）引入双重股权结构容易导致控股股东的利益侵占行为，现有文献较少涉及如何实现引入双重股权结构的风险预警和防范。

为此，本书围绕引入双重股权结构的制度设计和风险防范问题，按照引入双重股权结构的"必要性和可行性—制度设计和风险防范—投资者权益保护"的思路进行研究：（1）从可变利益实体视角，结合国外双重股权结构发展经验，归纳整理我国引入双重股权结构的重要价值和可行性；（2）针对中国资本市场改革的背景下，对股权结构的发展历程进行梳理从而分析引入双重股权结构的必要性；并在此基础上，分析引入双重股权结构的制度设计、风险预警和防范措施。全书共分 8 章，具体安排如下：

第 1 章——绪论。主要介绍了本书选题的背景及研究意义，重点阐述了本书的研究思路、研究方法以及本书的创新点，勾勒本书研究的总体框架。

第 2 章——文献回顾与理论基础。对国内外引入双重股权结构的影响因素和经济后果文献进行梳理，评述现有文献存在的改进之处，掌握国内外最新研究动态。

第 3 章——我国引入双重股权结构的必要性。本章首先梳理了双重股权结构的特征，主要包括：财产权与控制权的分离、同股不同权、集中控制权、通过契约方式获得控制权、多层级股票形式的设置和双重股权结构的行业适用性。同时介绍了双重股权结构的主要功能，包括：缓解控制权和公司融资的矛盾、满足股东异质化需求、发挥人力资本的优势、有利于企业创始人掌握控制权、规避敌意收购风险、有利于企业专注于长期发展、有利于完善资本市场。在此基础上，分析了我国引入双重股权结构制度的现实需要。之后又介绍了引入双重股权结构可能出现的经济后果。

第 4 章——我国引入双重股权结构的可行性。国内法律对引入双重股权结构安排比较谨慎，现行《公司法》规定在国务院未就双重股权结构作出特别规定之前，股份有限公司不得发行双重股权股票。本章在分析双重股权结构引入必要性的基础上，从法律层面提出建议将双重股权结构纳入法制轨道，并对美国、日本、德国、法国和新加坡的双重股权结构法律和公司制度进行比较研究，从双重股权结构的适用对象、双重股权的时效以及中小股东救济制度等方面提出具体制度完善措施，在此基础上，归纳引入双重股权结构的可行性。

第 5 章——我国引入双重股权结构的风险识别。引入双重股权结构是一把"双刃剑"，尤其在我国上市公司股权结构比较集中的背景下，必须对引入双重股权结构可能出现的各类问题进行合理预期。本章结合我国法律法规、公司治理制度以及双重股权结构的特征，从可变利益实体视角，梳理引入双重股权结构出现的各类风险，针对各类风险设计相应的风险预警系统，并归纳风险发生以后能够采取的各类防范措施。

第 6 章——我国引入双重股权结构的制度设计。本章从法律、政策与公司制度层面设计可变利益实体的生存、发展空间，从而提出公司股权结构改革的相关政策建议，法律政策层面主要从引入双重股权结构的适用对象、双重股权的时效以及中小股东救济制度等方面进行设计。公司层面从公司治理结构及公司章程提出可供参考的建议及设计，以保证企业可持续发展，投资者可持续投资，并为提高在经济增速下调的新常态背景下保证资本市场健康稳定发展及政府政策质量提供理论依据。

第 7 章——Xm 互联网公司引入双重股权结构的制度设计与经济后果。本章选用 Xm 公司作为典型企业案例，首先，详细研究了 Xm 互联网公司的上市背景、Xm 互联网公司实施双重股权结构的具体内容以及 Xm 互联网公司实施双重股权结构的内在动因，进一步具体分析使用双重股权制度为 Xm 互联网公司带来的积极影响。其次，通过分析 Xm 互联网公司的财务指标，探讨其公司治理效果的变化。最后，从现实角度指出双重股权结构给 Xm 互联网公司带来的相关风险，并提出对应措施，以期作为我国互联网企业股权制度选择的建议与参考。

第 8 章——研究结论与政策建议。本章在以上各章理论分析与案例研究的基础上，总结出本书的主要结论，并依据研究得出的结果，为我国政府部门出台相关政策和引入双重股权结构安排提出一些建议。

通过理论分析与案例研究，本书发现：（1）引入双重股权结构是我国的现实选择，并具有可行性，能够缓解企业控制权之争、利益相关者之间的利益冲突以及恶意收购等问题；（2）引入双重股权结构在法理层面和公司制度层面上存在障碍，但这种障碍可以清除；（3）引入双重股权结构必须在风险可控的基础上，针对这种风险能够建立相应风险预警系统，可以防范。

本书的创新点如下：（1）在学术思想方面。基于可变利益实体视角对引入双重股权结构这一新的领域进行探讨，动态研究引入双重股权结构的制度设计与风险防范机制，从法理及公司层面设计引入双重股权结构的有效路径，拓展了股权结构研究领域。（2）在学术观点方面。本书认为：第一，引入双重股权结构是我国的现实选择，并具有可行性，能够缓解企业控制权之争、利益相关者之间的利益冲突以及恶意收购等问题；第二，引入双重股权结构在法理层面和公司制度层面上存在障碍，但这种障碍可以清除；第三，引入双重股权结构必须在风险可控的基础上，针对这种风险能够建立相应风险预警系统，可以防范。（3）在研究方法方面。本书将选定单位进行实地调研及深度访谈，研究引入双重股权结构的可行性及制度设计，并通过大样本统计分析引入双重股权结构的经济后果及影响因素，梳理引入双重股权结构的有效路径及政策建议。

# 目　　录

# 第1章

# 绪　　论

## 1.1　研究背景与问题提出

资金是企业发展的物质基础，拥有充裕的资金能为企业的发展保驾护航。在企业成立之初，通常盈利较少甚至亏损，不能为企业带来大量现金流，随着企业逐步壮大，企业需要的资金量越来越大，一方面用于应付企业日常经营所需，另一方面用于对外扩张。发行股票作为企业的一种融资形式，能有效缓解企业的流动资金压力，企业品牌效应越来越大，还能吸引正向的媒体关注和收益反馈。因此，上市融资对企业来说意义重大。

公司在发展过程中需要有源源不断的资金投入，但是每一次发行股票融资，都会减少创始人的股权。随着创始人股权的稀释，创始人难以掌握公司的控制权，导致其无法个人决定企业的整体发展方向或制定企业发展的战略规划，而外部投资者对企业文化又了解有限，因此很可能由于控制权的变动而影响企业发展。创新型企业的核心精神是创始人的精神，只有创始人带领大家一起拼搏才能激发企业的发展动力，企业的前途才会光明，因此创始人是否掌权才是企业可持续健康发展的关键，创始人的精神才是企业最大的文化价值。当前，科技发展日新月异，行业更新换代加快，各行各业都在稳步求发展，但由于企业的股权融资导致股权过度分散，企业决策效率不高，因此必须加强对企业的管理，优化日常运营流程，从实践中积累经验，从而提高决策效率。基于此，我国企业治理的关注点逐渐转移到控制权配置和股权结构上来。

良性的公司股权制度设计是企业长久发展的基础。在公司中，由股东大会或者股东团队来统领公司的战略决策以及其他重要事项的决策，所以相对稳定的股权结构是公司生存和发展的基石，这里的稳定性包括控股股东的稳定，还包括公司整体框架的稳定。如果公司的股权结构不合理，公司的后期发展将面临诸多负面因素。一般来说，公司的创始人拥有的股权最多，因为其贡献最大，付出最多，承担了公司创业最大的风险，所以在创立初期，创始人能保持对公司的控制权，公司也能按照创始人理念发展。但是，一旦公司通过发行新股的模式再融资，那么其控制权就很容易被稀释。在我国，由于现行《公司法》对公司"一股一权、同股同权"的限制，公司的股权结构在公司成立时抑或是上市融资时都必须遵循这个原则。因此这影响了创始人的积极性，同时也影响了公司的可持续发展。

近年来，我国备受瞩目的新经济企业诸如阿里巴巴、百度、京东等，为了保障创始人的控制权，均引入了双重股权结构，纷纷远赴境外资本市场上市。一方面，这种新型公司治理结构不同于"一股一权"的股权结构，与我国现行《公司法》的要求相背离，这从一定程度上说明我国对公司股权结构的规定已经不能适时满足企业需求，尤其是不能适应新经济企业发展的需要；另一方面，由于历史原因，我国资本市场中上市公司"一股独大"、股权过于集中、证券交易市场投资过于分散等问题长期存在，严重制约了我国资本市场的健康发展。2015年的"万宝之争"，提醒着整个金融市场，我国相关股权结构亟待改革，相关法律规范亟待完善。

2015 年，国内领先的房地产公司万科集团市值约 1500 亿元，净资产收益率超过 19%，分红收益率近 4%，虽然中国股市整体有下滑趋势，万科公司的股价却趋于平稳甚至上扬，其中蕴含的长期巨大收益吸引了宝能系的敌意收购。以宝能集团为中心的资本集团宝能系集金融、旅游、物流、地产等众多产业于一身，早在 2012 年就建成了多元化产业的商业帝国。当时其唯一控股人姚振华通过二级市场购入股票的方式向万科举牌。宝能系第一次出资 79.4 亿元购入万科 A 股 5.52 亿股，约占总股本的 5%，通过持续的三次增持后达 15.04%。面对宝能系的疯狂增持，万科只得停牌进行重大资产重组，其创始人王石为应对宝能系的收购、拜票寻找外援。最终，中国恒大集团转让所持 15.53 亿股、占比 14.07% 的万科 A 股给深圳地铁，使深圳地铁的持股由 15.31% 增至 29.38%，顺势成为最大股东，"万宝之争"就此盖棺定论。①

中小股东共持股超过 50% 的公司在同股同权的原则下控制权变更的风险极大。2018 年我国证券市场大幅波动，108 家上市企业变更实际控制人，77 家企业控制权转让后最大股东变更（见图 1-1），占据变更实际控制人企业的 71%。控制权易主的 77 家企业 2018 年股价平均跌幅达 38.9%，远远跑输大盘。而在 108 家变更实际控制人的企业中，国有资本控股接盘 11 家。从估值角度看，国有资本接盘股平均市盈率为 24 倍。从证券交易市场走势看，国有资本控股没有提振当前股价，绝大多数个人股的市值严重缩水。②

---

① 资料来源：《万科发布 2015 年报：历史上最好的一年》，新华网，2016 年 3 月 14 日。
② 资料来源：《大股东图鉴：质押危机渐化解 77 家公司丧失控制权》，新华网，2019 年 1 月 8 日。

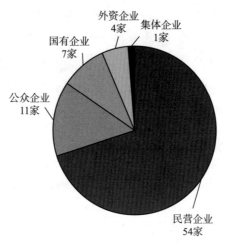

**图1-1 2018年控制权易主企业分布**

资料来源：《大股东图鉴：质押危机渐化解77家公司丧失控制权》，新华网，2019年1月8日。

因此，世界范围内越来越多的互联网高科技公司为了维持创始人的控制权，选择突破"一股一权"的限制。主要原因是互联网高科技发展迅速，变化日新月异，如短视频公司字节跳动，成立于2012年，2020年公司年报显示其营业收入达2366亿元。因此，任何互联网高科技公司要想生存和发展，都需要大量的现金流，才能保持高速增长态势。但由于我国资本市场没有完全对引入双重股权结构的公司开放，众多互联网高科技公司选择去海外上市融资。从公司的股权结构来看，无论是双层股权制、多层股权制，还是合伙制，都对原有公司治理模式产生了冲击。

双重股权结构起源于19世纪末的美国，以各种形式存在发展了一段时间。1926年，在汽车公司道奇兄弟（Dodge Brothers）公开发行无表决权股票引起强烈反抗后，纽约证券交易所（New York Stock Exchange，NYSE）（以下简称"纽交所"）禁止了上市公司采用双重股权结构。但随着20世纪80年代其他交易所的激烈竞争，纽交所恢复采用双重股权结构。在股票上市后，公司不能撤销属于新类别的任何表决权，也不能发行任何具有优先表决权的其他类别股票。根据哈佛法学院的一项研究，罗素

3000 指数中大约有 7% 的美国公司引入了双重或者多重股权结构。近些年来，上市公司选择引入双重股权结构的数量大幅增加，特别是科技创业公司希望利用这一制度保持对公司的控制权。

美国从 1988～2007 年 20 年间采用双重股权结构的公司比例稳定在 7% 左右，没有太大波动。公司市值有明显上升的趋势，市值占比也从 1988 年的 6.2% 增至 2007 年的 9.4%，增长了 51%。采用双重股权结构的新上市公司在过去 10 年中增加了大约 1 个百分点，观察近期首次公开募股（Initial Public Offering，IPO）的资本结构，明显能发现是相对增长的趋势。越来越多的上市公司采用了双重股权结构，其稳定的增长态势说明美国双重股权结构制度规范化后，适用其制度的上市公司发展稳健。这种趋势持续到了 2019 年，在迄今为止规模最大的 10 家 IPO 中，有 7 家选择了双重股权结构。

在这种市场趋势引导下，我国证券市场逐渐开始接纳同股不同权架构。香港交易及结算所有限公司（以下简称"港交所"）为了吸引更多优秀的高科技公司前往香港上市，在 2018 年 4 月放宽了对赴港上市公司的股权结构的限制，允许双重股权结构的公司上市，并在 2018 年 4 月底开始接收采用了双重股权结构的公司的上市申请。2019 年 4 月修订后的《上海证券交易所科创板股票上市规则》正式发布，这也是中国境内首次尝试双重股权结构，允许公司发行表决权不一致的股票。

目前，国内不少学者认为双重股权结构在公司治理中起到正向作用。双重股权制度对我国企业发展现状具有很强的适用性，不仅帮助小微企业在制度层面为企业稳定控制权提供保障，而且从根本上解决大型国有企业的国有资产流失与民营资本被吞噬的障碍，推进国家治理体系和治理能力现代化（张继德，2018）。对于易于陷入股权争斗的密集融资类企业，双重股权结构制度的出台，帮助企业管理层握紧了手中的控制权，在融资过程中，创始人对企业始终有控制权，因此其能更好地带领企业健康发展，防止恶意收购（魏良益，2019）。然而双重股权在国内缺乏大量实践案例，当务之急是探究双重股权结构的潜在风险，有效防控风险，降低企业试错成本（陈若英，2014）。

由于双重股权结构制度在我国施行时间较短，国内学者对国内上市的双重股权结构制度的具体案例研究较少，对此类公司结构的风险分析也主要诉诸理论。因此，分析典型案例公司同股不同权架构和此架构为公司治理带来的优势与风险十分必要。

综上所述，国内外学术界对引入双重股权结构的影响因素和经济后果进行了大量研究，主要集中在对中小股东权益保护以及公司可持续发展的思考，成果丰硕，这些研究成果对本书的研究具有重要借鉴意义与参考价值，同时，当前双重股权结构的文献至少还有以下几点值得深入研究：

（1）股权结构安排的影响因素及经济后果研究多，但对我国引入双重股权结构问题研究较少，尤其缺乏理论层面分析引入双重股权结构的合理性。

（2）引入双重股权结构如何实现法理层面与公司制度层面匹配？现有文献较少涉及。

（3）引入双重股权结构容易导致控股股东的"隧道挖掘"行为，如何实现引入双重股权结构的风险预警和防范，现有文献较少涉及。

## 1.2　研究意义

### 1.2.1　理论意义

研究双重股权结构引入的制度设计，以及如何实现法律层面与公司层面的匹配，丰富了经济法学理论、资本结构理论、股权制衡理论、代理理论。

目前，相关领域的研究主要体现在对双重股权结构的代理冲突、股权集中度等方面。双重股权结构是一种独特的制度，这种制度在西方国家比较流行，因此从实例分析，能保障企业打造出高效、专业的团队。与传统股权结构制度相比，在双重股权结构制度下，企业发行的股票类别增多，并且每股表决权增多，如此一来就算创始人的股权占比较少，其也掌握着公司的控制权，这样有利于企业的长期发展。所以企业引入双重股权结构有利于企业管理，就目前我国企业的发展趋势而言，引入双重股权结构是必然趋势。

我国在 2018 年以前一直都是仅允许同股同权企业上市，而西方多数国家都是允许双重股权结构制度，并且这种制度发展趋于成熟。因此我国接触双重股权结构制度的时间较短，并且我国学者对此制度的研究目前还停留在较浅的层面，没有深入的分析，主要研究如何保障小股东的权益以及相关的立法。因此，本书从股权结构的特征入手，进而了解双重股权制度，再根据西方国家实例和研究成果进行分析，为我国企业引入双重股权制度奠定了理论基础。对于有意向使用双重股权结构的企业，本书主要探究案例公司引入双重股权结构的内在动因，讨论使用双重股权结构后企业获得的积极影响、市场表现等，对我国新型股权结构的理论探究作出验证和延伸，有利于企业选择适合自己的股权结构。

本书认为在可预见的将来，越来越多的互联网高科技公司会引入双重股权结构。伴随着互联网和其他众多产业的结合，这种保障创始人控制权的理念会越来越受到其他行业的认可和采纳，双重股权结构或者多重股权结构将可能演变成一种趋势。因此，在这种背景下，开展对双重股权结构的研究，分析双重股权结构未来的发展趋势和改进方向，对未来资本市场中上市公司构建合理、有序、良好的双重股权结构或者多重股权结构有重大的参考价值和实践指导意义。同时，即使我国资本市场尚未对双重股权结构完全开放，但是未来我国很有可能调整对公司股权结构的要求，所以本书的研究能为我国引入双重股权结构提供建议和对策。

## 1.2.2　实践意义

在企业的发展过程中，需要源源不断地资金投入，因此管理者要在实践过程中不断提升自己的管理水平，必要时企业还需引进高管人才，增加人才资本。外部投资者能够为企业带来大量的资金，能够掌握企业一定的控制权。拥有控制权的外部投资者会对企业董事会和高管团队施加影响，从而制约或推动他们的发展，因此，公司管理层一直在争夺企业的控制权。

在不同的投资目的下，创始人和外部股东在企业中拥有的资源基础是不同的。创始人的财务资本、人力资本和社会资本通常在企业创建初期和企业成长期大量投入，因此创始人团队通常对企业拥有强烈的主权意识，甚至不惜降低薪酬来保持绝对控制权。相比之下，外部股东出于投资风险的考虑，通常不会将资本孤注一掷地投入单一企业，对企业投资也基本以获利为主要目的，因此不乏"搭便车"行为。

传统的一股一权结构已经无法满足新经济形势下的企业发展，为解决科技创新企业的融资需求和控制权冲突，本书在借鉴双重股权结构发展相对成熟的美国资本市场经验的同时，也考察了近几年才引入该结构的新加坡和我国香港地区的相关规定，通过与我国内地现有相关法规进行对比分析，认为我国内地法律目前还无法很好地进行风险规避。针对这一现象，本书设计了一条中小股权权益保护的完善路径。此外，本书对典型案例公司股权与表决权纵向变化进行探讨，研究其在股权不等同于表决权时企业的绩效和外部市场反应变化情况，判断施行双重股权结构对企业的短期经营与长期战略有怎样的影响，从而分析双重股权结构对中小股东的影响施加路径与影响结果。期望以我国境内资本市场为背景对双重股权结构引入的必要性和可行性展开研究，探讨我国境内全面引入双重股权结构后的制度设计，并且如何发挥其真正的效益。企业发展过程中必须进行融资，建设科学的企业治理结构，确保创始人对企业的控制权。

综上所述，本书的研究为我国资本市场的监管政策提供了有益的思路。研究引入双重股权结构制度面临的风险建立预警体系与防范措施，既有利于制定和完善我国公司的风险评估系统，又能助推公司的股权改革进程，为公司的可持续发展保驾护航。

## 1.3　我国资本市场的发展历程

20 世纪 80 年代，中国开启股份制改革。改革开放后第一家正式注册的股份制企业，北京市天桥百货股份有限公司发行了 300 万元股票，上海飞乐音响股份有限公司公开发行的纸质股票没有期限、不能退股，可以流通转让，被视为"真正意义上的股票"。随后深圳证券交易所（以下简称"深交所"）、上海证券交易所（以下简称"上交所"）相继成立，标志着全国性资本市场正式形成，是改革开放历史进程中具有划时代意义的事件。1991 年上海真空电子器件股份有限公司向海外投资者发行面值 100 元人民币、总共 100 万股的人民币特种股票是中国证券市场的第一支 B 股，H 股、N 股、红筹股等也加快了境外上市的步伐。2005 年启动了股权分置改革的工作，A 股进入"同股同权"的时代，为资本市场的进一步改革与发展奠定了坚实的基础。中国资本市场快速发展的同时，制度设计的局限和结构性矛盾等遗留问题逐渐积累，一些早期不显眼的问题随着市场的成长演变成阻碍市场发展的绊脚石，如股权分置问题、上市公司改制不彻底、交易制度单一，导致我国从 2001 年开始，全行业连续四年总体亏损。此后我国进行了一系列市场和企业制度改革，包括提高上市公司质量、改革改造制度、大力发展机构投资者等不断完善我国证券市场的法律体系，这些措施恢复了投资者的信心，中国资本市场发展出现转机，仅用短短 30 多年的高速发展就跃升成为全球第二大股票市场。我国资本市场的发展历程如图 1-2 所示。

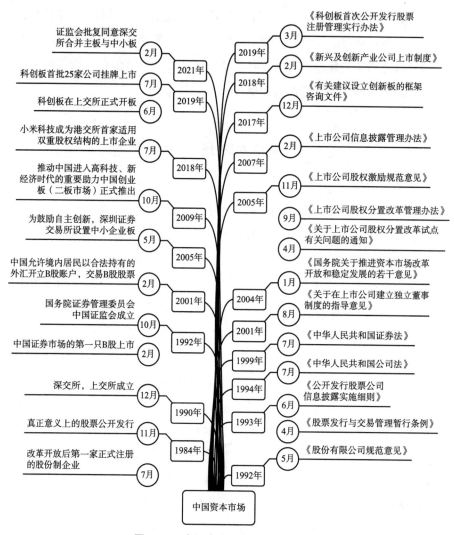

**图1-2 中国资本市场发展历程概略**

如今股权结构不能满足新经济企业的需求，适时引进双重股权结构制度以助推中国资本市场改革的进程是大势所趋。在我国法律体系完善的过程中，并没有明确禁止采用双重股权结构，反而为制度引入留下法律空间。虽然现行《公司法》第一百二十六条确定了我国公司股权结构应该遵循同股同权的原则，但第一百三十一条则指出国务院可以对其他种类的股份另作规定，意味着对双重股权结构的引入留有余地。另外，第四十二条关于股东表决权按投资比例分配，但公司章程另有规定的排除在外，对公司享有自主选择股权制度的权利的规定相对宽松。从我国《公司法》的相关规定可以看出，随着我国金融市场的不断开放，法律上为双重股权结构制度的引进留下了相当大的可能性空间。

关于双重股权结构引入后的适用主体试点，上交所于2019年设立了独立于现有主板市场的科创板。2019年以前，中国资本市场层次过于单一，只有深交所和上交所的主板，难以满足不同行业、不同发展阶段的公司和投资者的需求。21世纪以来我国证券市场相继设立中小企业板、创业板、科创板等板块，丰富了我国资本市场层次，如图1-3所示。

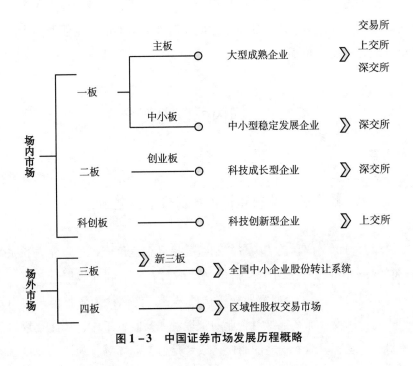

**图1-3 中国证券市场发展历程概略**

2019年3月，经中国证监会批准，上交所制定并发布了《上海证券交易所科创板股票上市规则》（以下简称《科创板上市规则》），其中规定允许设置差异化表决权股权结构的企业上市。表决权差异化事实上就是双重股权结构，《科创板上市规则》中对双重股权结构的框架和内容做了详细的规定：（1）在制度设置时间上，科创板公司在上市前已设置双重股权结构的，由股东大会股东 2/3 的表决权通过；未设置双重股权结构的，上市后不得设置。（2）规定每份 B 股的表决权数量相同，不得超过每份 A 股表决权数量的 10 倍。（3）限制持有 B 股的股东需要占公司表决权股份 10% 以上。（4）A 股与 B 股股东除表决权差异外，其他股东权利完全相同。（5）规定 B 股为非交易股票，不可以在证券所上公开交易。

《科创板上市规则》的发布是我国关于双重股权结构的首次尝试，是中国资本市场在科技创新领域上公司股权制度的创新。有了相关的制度规定，上市公司在规则的监督下操作更规范、更透明，有利于促进中国上市公司的发展。我国引进双重股权结构能使海外上市的国内企业回归中国资本市场成为可能（佟瑶，2020）。

# 1.4　国内外研究现状

## 1.4.1　双重股权结构在国内外的发展现状的综述

保障公司每一位利益相关者的利益，提升企业价值，务必建立和完善公司制度，公司的股权结构是公司制度的基石。伯利和敏斯（Berle and Means，1932）是第一个研究股权结构的学者，他们认为倘若公司使用不平等的股权制度，那么很难对企业的管理者展开监督工作，从而导致内部人控制。管理者可能受利益的驱使，或者是道德败坏等，为了实现自己的利益而作出不利于公司发展的决策，并损害股东的利益。因此，他们认为股权平等才是企业良性发展的根本，双重股权结构会引发不必要的问题。

但在后来的研究中，学者们发现企业的股权较为集中，股权极度分散的企业较少，大多数国家企业股权较为集中，但英国、美国等少数国家股权较为分散。西欧国家企业中，家族控制企业占比 44.29%，双重股权结构企业和金字塔结构企业数量差不多，分别是 19.91%、19.13%；在加拿大，家族和政府控制结构的企业最多，金字塔结构企业占比 33.5%，而双重股权结构企业占比最少，仅有 16.1%；一半以上的美国企业的大股东至少持股 10%，家族控制结构企业占比超过 24%；在整个欧洲国家中，金字塔结构企业和多重股权结构企业一共占比 51%，超过半数。① 通过分析国家企业的股权结构，可以发现新媒体行业、家族企业、历史悠久的企业更倾向于采用双重股权结构（汪青松，2019）。

国际上，双重股权制度的适用范围较广，在加拿大，运用该制度的企业相比其他制度的企业受法律约束的范围小，而且政府对其的监督也小。在多伦多运用双重结构制度上市的公司超过上市公司总数的 20%（Jason，2017；Thomas，2012）。在美国，有关双重股权结构的法律法规经历了多次修订和完善，19 世纪 80 年代美国开始引入双重股权结构。在欧洲许多国家每股有多种表决权，但是双重股权股票的发行条件越来越严格。瑞典是欧洲运用双重股权制度最多的国家，上市公司中有 70% 以上的企业都运用了该制度（马立行，2013）。2017 年，新加坡证券交易所发起了关于双重股权结构问题的提案。提案中指出独立董事采用的是同股同权制度，还要成立董事风险委员会以及"燕尾条款"②（Gompers，2010；高菲，2018）。同时企业需要实行"日落条款"③（Bebchuk，2017；Winden，2018；高闯，2017）。

我国学者对于双重股权结构问题的研究并不多，目前主要有以下几种结论：（1）研究西方国家的双重股权结构制度，总结经验，再结合我国企业的实际情况实行双重股权结构制度。（2）基于控制权理论，研究西方国

---

① 资料来源：《德勤：2019 全球家族企业调查》，网易网，2019 年 10 月 1 日。
② "燕尾条款"：要求在双层股权结构企业被并购时，收购方须对所有股东支付同样价格、须购买同样比例的优级股票和限制股票。"燕尾条款"是一种公平收购条款，目的在于抑制控股股东的控制权溢价，维护外部投资者权益，本质上是"日落条款"的一种特殊形式。
③ "日落条款"：是指法律或者公司章程中双重股权结构终止条款。根据该条款，一旦条件成立，特别表决权股自动转换为普通表决权股，公司股权结构也随之改变。

家双重股权结构运行机制，双重股权结构能够使创始人以较少股份拥有较高表决权，保障创始人的控制权，我国的法律法规和制度对控制权有一定的影响。（3）从企业的经营及管理情形出发分析引入双重股权结构的经济后果，发现引入双重股权结构能够促进企业的良性发展，可以通过制度防范风险。（4）评析双重股权结构在港股与科创板施行的预期效果与利弊（张群辉，2019）。近年来对双重股权施行的必要性一直讨论不断，如餐饮企业俏江南，该企业采用私募基金的形式为企业的发展带来了大量的资金，但是在此过程中，俏江南的创始人股权逐渐分散，导致俏江南创始人的话语权越来越弱，私募基金CVC逐渐获得了公司的控制权，在获得了俏江南的控制权之后，私募基金CVC很快便将其出售，致使创始人被踢出了公司董事会。① 因此一些企业为了保住创始人对企业的控制权，选择在境外上市（李海英，2017）。因此，企业发展的难题逐渐显现出来：在企业的发展过程中，既需要大量的资金，又需要维护创始人的控制权，这样才能促进企业良性发展。可以通过制度保护创始人的控制权，但如何约束创始人的控制行为同样是难点，与此同时还要保障其他股东的利益。当企业上市后，企业还要维护中小股东的利益。此类问题一旦处理不好，就会产生纠纷，导致企业的资金链断裂，影响企业的正常发展。问题得到妥善处理后，境内证券市场可以吸引优质的外商投资我国企业，能够推动我国企业的发展（鲁桐，2018；巴曙松，2018；张跃进，2019）。

2017年，港交所及其附属公司香港联合交易所有限公司（以下简称"香港联交所"）扩展了上市制度，在不改变原有制度总体框架的基础上增加了《主板上市规则》的相关内容，假如公司引入双重股权结构，公司的创始人必须对外披露，并制定相应措施防范控制权丢失，在满足以上条件的前提下，公司才能上市。引入双重股权结构的公司预期资本是100亿元人民币起步（池昭梅和陈炳均，2020）。

2018年4月，港交所发布新规，允许采用双重股权结构的公司上市。

---

① 资料来源：《张兰与俏江南彻底拜拜》，载于《京华时报》2015年7月17日。

2018 年 12 月，沪、深、港三家交易所发出公告，为了促进我国资本市场的稳定发展，优化利益相关者的协作联动机制，沪、深、港三地证券交易所一致同意将不同表决权的股权架构公司吸纳进港股通股票方案，并于2019 年 6 月开始实施该规定。港交所 IPO 新规实施后，2018 年 5 月，小米公司作为互联网企业立即提交了招股说明书，同年 7 月小米公司成功上市，小米公司成为第一个实施双重股权结构的上市公司，同年 9 月，美团点评紧接着小米公司之后，采用同股不同权制度在港交所上市。小米公司和美团的成功让双重股权结构不再是上市路上的"绊脚石"，因此高新技术企业纷纷开始效仿。

2014 年，阿里巴巴集团在美国纽约证券交易所上市，成为当时全球最大的首次 IPO 项目。2018 年，港交所发布了新的 IPO 规定，允许采用双重股权结构的公司进行上市。随后，2019 年，阿里巴巴集团在港交所实现挂牌上市，成为中国互联网公司中首个同时在美股和港股两地上市的公司。此次上市募资约为 880 亿港元，是近 10 年来规模最大的上市交易。

2019 年 1 月中国证监会发布了《关于在上海证券交易所设立科创板并试点注册制的实施意见》（以下简称《实施意见》），决定在科创板试点注册制，《实施意见》决定符合条件的股权结构企业可以在科创板上市。这意味着内地股市开始走向多元化，包容性较强。也体现了证监会对科技创新型企业的扶持（宋春霞，2019；王长华，2020）。同时也保住了本土的优质新兴型企业，提高了我国的科技竞争力，确保了优质资源不外流（李俪，2019）。

## 1.4.2　双重股权结构的实施动因及必要性综述

建议国内允许企业使用双重股权制度进行上市的动因主要体现在创始人团队与外部投资者在上市企业的经营管理中，风险承担意愿与人力资本控制情况均有明显差异，对企业经营投资回报的意愿也有一定区别。且就现实情况而言，允许实施双重股权结构将会减少我国优质创新型企业远赴海外上市，保持证券市场活力。

创始人本身就具有一定的激励作用，因此其管理的企业不需要过多的激励政策就能带来良好的业绩（Beni，2010；Manowan，2013）。并且，企业创始人作为企业的最早的创办者，他们在企业的经营管理过程中有着自己独特的经营理念和敏锐的行业洞察力，创始人精神就是企业文化的核心，通过潜移默化地影响企业员工，并一代一代地把这种企业文化传承下去，这有利于企业的成长（吕长江和肖成民，2007；刘启亮等，2008）。因股东投资目的不同，公司掌握资源不同，公司的创始人与公众股东承担的风险也不同。创始人可以提供专业技术和管理技巧，因此企业的管理者非他莫属。企业创始人的决策决定了企业能否正常运营，其对企业还具有心理所有权，因此其在企业的发展中很少采用资本市场机制退出企业。外部股东与创始人形成鲜明的对比，当企业运营不佳时，外部股东可以通过"用脚投票"退出企业（La Porta et al.，1999；Claessens et al.，2000）；并且可以多元投资，通过投资多家企业多个项目的方式平衡盈亏，倘若某个企业经营不善，其也不会全盘皆输，因此降低了投资风险。市场的股票投资者以这种方式分散风险，代替了表决权。因此，公司的创始人和公众股东投资目的有很大区别，两者为公司提供的资源也不同，两者之间创始人承担的风险更大，创始人一心只想把企业经营好，即使企业出现问题，也不会抛弃企业（王春艳，2016）；外部股东主要的获利手段并不是行使表决权。并且作为外部投资者，其在行使权利时会出现许多限制，因此外部股东也没有过度关注自己的表决权，而是让企业充分发挥自治优势，让其他股东行使权利，其只共享其他股东的努力成果即可（Howell，2017）。股票持有者通常持有多种类型的股票，每一种股票对应的权利不同，行使权利的复杂性使外部投资者退缩。在某种条件下，外部股东更愿意把自己的权利赋予创始人。

因此，在双重股权实施动因方面，公司的创始人与公众股东在投资目的、资源基础，以及在承担风险方面差异显著，在这时候引入双重股权结构，更加适应股东异质性的需求，这种制度创新能保障创始人的控制权，同时通过对企业文化的保护，制定长期的企业发展战略，提升管理人员的管理能力以及决策效率等，实现对中小投资者利益的保护效应。并且，这种中小投资者利益保护效应的产生依赖于心理所有权的创始人的自控力，以及市场竞争形成的约束（李海英，2019）。

这种逻辑同样适用于国内部分企业，我国经济结构在不断地更新，大量的新型企业崛起。新型企业更依赖创始人管理企业，而传统企业则不同，也正是因为这种依赖性，企业在融资方面有一定的约束，但是西方国家新型企业的融资条件较为宽松，因此也吸引着企业到海外上市。由于我国制度的限制，导致优质企业不能在国内上市，这会降低我国企业的综合竞争能力（徐晓松，2019）。

### 1.4.3 双重股权结构的实施效果和市场反应综述

在双重股权结构的实施效果与市场反应方面，研究表明实施双重股权制度对于企业而言，在市场反应、公司绩效、保护中小投资者权益和提升公司决策效率方面，均有正向表现。

国内学者选用脸谱（Facebook）收购 WhatsApp 作为案例研究对象，脸谱采用双重股权结构已经多年，创始人与外部股东的区别体现在许多方面，其收购了 WhatsApp 后，没有出现异常情况，一年期窗口的股票收益率高于纳斯达克指数和谷歌，给中小投资者带来了较高的收益。由此可见以创始人为主要决策方的企业战略布局，通常需要较长时间的布局，价值显现需要 定时间。从中小投资者利益保护的长期效应来看，实施双重股权结构有利于脸谱布局长期战略，从而有效保护中小投资者长线收益（李海英等，2017）。陈小悦和徐晓东（2001）分析了在深交所上市的公司发展情况，从 1996～1999 年这些公司的业绩入手，分析公司股权结构对业绩有何影响。研究发现，行业性质不同，股权结构影响公司业绩的程度也不同，公司引入双重股权结构以后，在这种特殊的股权结构下，公司绩效很大程度上取决于管理层的能力、任期、水平、等等，并且，在双重股权结构下将会加剧盈余管理行为的发生（陈晶璞，2020），更易进行应计盈余管理与真实盈余管理行为（喻凯，2018）。郭霁和彭雨晨（2019）分析了美国上市的双重股权结构企业，同时还研究了单一股权结构的企业，分析企业的成长性和资金管理水平，双重股权结构下的企业与单一股权结构下的企业的业绩差距。研究表明，无论是双重股权结构下的企业，还是单一股权结构下的企业，企业的成长性和资金管理水平影响企业的长期经营业绩和长期股票收益。刘胜军（2020）分析了百度公司的绩效，百度公司采用的是双重股权结构。他认为双重股权结构帮助企业创始人牢牢地掌握了控制权，再分析百度公司的绩效可知，随着百度公司规模的不断扩大，管理团队会影响公司资产负债结构。因此，双重股权制度在满足企业的营运发展需求、增加投资者收益和推动社会创新企业长久发展方面有重要的现实意义（刘星，2015；徐向艺和王俊韡，2011）。

除了具体的案例数据分析，创始人团队获取控制权的心理因素也影响着企业的业绩和市场反馈，双重股权结构制度帮助创始人牢牢地握住了对企业的控制权，当创始人能够决定企业的发展战略时，可能会提高企业的长期价值，从而保护了中小投资者的利益。(1) 保护企业文化。维护企业创始人对企业的控制权，这有利于创始人保持创业初心，朝着原先的方向一直努力，发扬企业文化，潜移默化地影响企业员工，从而影响企业的决策和日常运营。陈若英（2014）指出，新媒体企业的出版物追求独特，因此该类型的企业需要稳定的控制权制度。在美国上市的公司中，主要是媒体企业和高新互联网技术企业会采用双重股权结构（蒋学跃，2014）。(2) 必须认真实施企业的战略规划。企业创始人更加注重的是企业的长期利益，而不是短暂的利益，其拥有稳定的控制权，必须立足于长期发展的角度进行谋划，制定符合企业可持续发展的战略（陈若英，2014），不需要做虚假文章来提升自己的竞争力；可以采用多种方式进行融资，创新企业资本结构，创始人可以根据企业的发展目标和发展现状，再结合市场的需求和走向，进而选择最适合企业发展的融资方式和资本结构，不必过多地担心他人夺取了企业的控制权。(3) 提高管理者的抗压能力。创始人在制定企业的规划策略时，必然会从企业的长期利益出发，而股东必定是从短期利益出发，因此要顶住股东施加的压力，不要被舆论动摇（Xiaodan Li et al.，2019；Martijin，2018）。(4) 提升管理层的决策效率。创始人稳定的控制权可以确保其决策具有一定的权威性和强制性，从而方便下属部门快速执行决策，减少信息传递成本（蒋学跃，2014），从而促进决策效率提高。引入双重股权结构有助于传承企业文化，公司的创始人可以基于可持续发展的视角制定战略，提高管理者的抗压能力，以及决策能力，帮助企业创造出更大的价值。中小投资者的主要目的是获取利益，企业价值的提升可以保护中小投资者的利益（李海英，2017）。

## 1.4.4 双重股权结构的风险防范综述

引入双重股权结构的主要风险是公司的控股股东利用自身的控制权获取超额控制权私人收益，造成表决权和剩余索取权的不匹配，可能会将成本转嫁到公众股东身上，不利于股东利益保护。使用双重股权制度的企业，相比同股同权企业更倾向于过度投资行为（Easterbrook，1982；杜媛，2020；蒋冬梅，2018）。双重股权结构加剧大股东对小股东的权益侵害，产生"隧道挖掘"行为（Barclay，1989；Gray，1999；张横峰，2019）。双重股权结构的公司现金股利的支付意愿也低于同股同权股权结构的公司（Johnson，2000；Vannoy，2010；杨菁菁，2019）。

因此，应当保障信息披露、尽可能完善制定相关条款、并对适宜使用双重股权制度的企业类型作出区分，以发挥其最高效益（户盼盼，2017）。

在双重股权制度的风险防范方面，保障信息披露十分重要。在双重股权结构下，企业创始人管理企业的运营，如此一来，企业的管理权和控制权都集中在了创始人手里，那么其应该对外公布更多的信息，方便小股东了解企业的发展情况和决策，收拢小股东（DeAngelo，1985；Jordan，2016；魏良益，2019）。不仅如此，还应当限制股东的表决权。双重股权结构是为了维护创始人对企业的控制权，这样遇到专业的决策问题时，创始人团队能够充分发挥其优势，进而作出正确的决策，帮助企业实现科学规划，朝着市场需求方向发展。例如，资金规划、增减项目投资、战略规划、管理层人才选拔等都可以使用多重表决权股进行表决。相反一些其他决策事项就采用一股一权形式，如担保事项、交易、对股东权益的调整等。不仅要对多数表决权股的内容进行规定，还要限制表决权的倍数。B类股的表决权倍数不能超过 A 类股表决权的 10 倍，这样才能充分发挥股东大会的效益（Baran，2018；张群辉，2019）。西方学者研究了 2015 年多伦多证券交易所（TSX）上市的双重股权结构公司，发现采用双重股权结构的企业在运营过程中存在以下几个问题：（1）公司的投票条款较模糊，大量的中小股东是否具备表决权无条款可依；（2）一半以上的公司没有设置"日落条款"；（3）一些董事的独立性较低；（4）一半以上的公司董事会主席缺乏独立性；（5）仅有部分公司规定了次要股东控制权变更的条款（Arugaslan，2010；俞红海等，2010；王化成等，2015）。因此，双重股权结构企业缺乏董事会的管理和指导，虽然在此制度下可能会激励员工，但是股东的合法权益受损的可能性增大。为了保护企业股东的权益，相关部门要加大对双重股权结构公司的监管及审查力度（Andrade，2017；刘海东，2018）。针对事后应对，应当完善股东救济制度，确立并完备控股股东信义义务的审查标准等（刘少波，2007；李明辉，2009）。

关于双重股权结构引入我国，在不同行业双重股权结构制度的有效性有很大区别，影响力也有很大差异。双重股权结构制度最大的优势是保护创始人对企业的控制权，尤其是科技型企业，其选择双重股权结构的最主要因素是为了保护创始人的控制权，因此双重股权结构对于科技型企业有很强的适应性（Martijin，2018；刘宗锦，2015）。双重股权制度不仅适用于科技型企业，还适用于我国其他类型的企业。得出此结论的原因是：对于中小规模企业，采用双重股权制度能够填补企业的资金缺口，还能稳定创始人的控制权，从制度层面稳定企业的控制权；对于大规模企业而言，双重股权制度能够优化国有企业法人的治理结构，提高管理效益。我国企业必须根据企业的性质和目标，再分析当前的发展情况和市场需求，从而判定企业能否选择双重股权结构，从根本上解决国有资产流失问题，避免民营资本被吞噬，完善国家治理体系，提高治理能力（张继德，2018）。目前，我国企业正处在产业转型升级的关键时期，创新型企业必须牢牢抓住股权和控制权，企业股权不能过于分散，选择合适的股权结构制度。借鉴西方国家的做法和经验，分析我国企业的发展，企业管理者要及时地更新管理理念，完善相关的制度，因地制宜（姜英兵和于彬彬，2013；赵晶等，2010；齐宇，2019）。可以具体设立高准入门槛，提出较高要求，如公司估值要求、营业收入要求等，只允许达到较高门槛的企业进行双层股权上市（Connelly，2010；Dai，2007；华生，2019）。高表决权股适用的主体范围也应当有严格的限制（Brickley，1988；Bozec，2008；姚瑶，2018）。从长期来看，监管者应帮助投资者提高博弈能力，建立更加完善的民事诉讼权制度（郭雳，2019）。

### 1.4.5 文献述评

已有文献对双重股权结构的研究集中在影响因素和经济后果两个方面，从发展现状来看，西方发达国家多数对双重股权结构持开放态度，虽然发展过程比较曲折。目前我国现行《公司法》尚未引入双重股权结构，因此，学者们从法律和公司需求方面对引入双重股权结构做了探讨。现有研究中，对公司股权结构安排的影响因素与经济后果研究较多，学者们发现保持创始人的控制权是公司采用双重股权结构的最重要因素，双重股权结构保障了创始人的人力资本资源和经营理念在公司贯彻下去。对于双重股权结构的经济后果，现有文献发现双重股权结构引入后，加剧了创始人与中小股东的利益冲突，创始人和高级管理者拥有更大的表决权，因此，引入双重股权结构后会引发更多控股股东的"隧道挖掘"行为，因此，如何防范引入双重股权结构的风险成为当前重要的研究课题，但这方面现有文献涉及相对较少。

# 1.5 研究内容

## 1.5.1 研究对象

本书研究对象为我国引入双重股权结构的公司，特别关注互联网高科技和创新型公司。这些公司更适合采用双重股权结构，并且已上市的公司也在研究范围内。根据双重股权结构的适用对象确定，重点研究以高新技术企业为主的适用企业。双重股权结构的"同股不同权"设计可能导致控股股东侵害公众股东利益、损害公司利益，形成管理专制，因此界定其范围和审查非常重要，不可放任自流。国外及我国香港地区的实践经验显示，互联网、高科技和新兴媒体行业更适合采用双重股权结构。目前，在美国的上市公司当中，引入了双重股权结构的比例约为8%，主要分布在高科技企业、新闻传媒企业和互联网企业等，如脸谱、谷歌、纽约时报等（Nguyen，2010）。

## 1.5.2 总体框架

1. 基于可变利益实体视角的双重股权结构的理论基础

股权设置是公司治理最核心的内容，科学的股权结构安排通过公司治理机制能有效提升公司经营效率。本书在分析可变利益实体利弊的基础上，从理论上分析双重股权结构对公司治理的影响，具体包括产权制度、股东关系和代理问题，在此基础上从理论层面分析我国引入双重股权结构的合理性。

2. 我国引入双重股权结构的必要性和可行性分析

本书在梳理我国公司股权结构安排发展历程的基础上，通过文献研究各类股权结构的主要特征、主要功能及其经济后果，首先分析目前我国公司股权结构安排存在的问题及改革的紧迫性，总结我国公司股权结构改革面临的主要挑战，同时通过比较分析各类股权结构安排的适用范围，分析企业控制权与现金流权分离的股权结构模式具备的优势；其次分析双重股权结构的特征和主要功能，引入双重股权结构需要具备的前提条件和影响因素；最后整理出我国引入双重股权结构的现实需要，从而分析引入双重股权结构的必要性。在此基础上，归纳整理我国引入双重股权结构的重要价值以及引入的可行性。

3. 国外实施双重股权结构的实施经验借鉴及法理逻辑

本书梳理了双重股权结构在美国、德国、法国、日本和新加坡等国家和地区的发展状况，着重分析每个国家和地区引入双重股权结构的背景与双重股权结构在国外的发展历程，在双重股权结构发展过程中遇到的问题及主要挑战，具体分析美国通用集团、脸谱等公司双重股权结构的实施经验。其次在分析可变利益实体法律风险的基础上，对美国、德国、法国、日本和新加坡等国家和地区的相关法律和公司制度进行比较，从双重股权结构的适用对象、双重股权的时效以及中小股东救济制度等方面分析引入双重股权结构的法理逻辑。

4. 基于可变利益实体视角的双重股权结构引入的风险防范政策研究

引入双重股权结构是一把"双刃剑"，相对西方国家较分散的股权结构而言，我国上市公司股权相对集中，因此，在引入双重股权结构之前，必须对可能发生的问题进行预判。本书从可变利益实体的视角，分析在我国目前法律政策与公司制度的基础上，结合双重股权结构的主要特征，梳理当前我国市场引入双重股权结构可能出现的问题，可能产生的风险，针对这些风险设计风险预警系统，并归纳风险发生之后能够应对的相应措施。

5. 基于可变利益实体视角的我国双重股权结构引入的制度设计

从法律、政策与公司制度层面分析适合可变利益实体生存和发展的空间，在此基础上，提出我国资本市场上公司股权结构改革的相关措施和政策建议，在法律政策层面主要从我国引入双重股权结构的适用对象、双重股权的时效以及中小股东救济制度等方面进行设计；在公司层面主要从公司章程与公司治理结构寻找相关建议与方案，从而保证公司可持续发展，保障投资者利益，为我国经济高质量发展提供制度保障，为我国资本市场的健康发展提供理论依据。

6. 基于 Xm 公司案例的双重股权结构引入的制度设计与经济后果研究

首先，选用 Xm 公司作为典型案例，详细研究了 Xm 公司的上市背景、Xm 公司采用双重股权结构的具体内容以及 Xm 公司采用双重股权结构的内在动因。其次，进一步具体分析使用双重股权制度为 Xm 公司带来的影响，通过分析 Xm 公司的财务指标，探讨其公司治理效果的变化。最后，从现实角度指出双重股权结构给 Xm 带来的相关风险，并提出相应措施，通过此案例分析我国引入双重股权结构给企业可能带来的实际效果。

## 1.5.3 重点难点

### 1. 重点

将引入双重股权结构的公司视为一种可变利益实体，然后根据可变利益实体的特征，从可变利益实体的视角梳理我国引入双重股权结构的合理性、现实性和必要性。如何从可变利益实体的利弊及生存发展空间进行制度设计是本书的重点之一。

怎样从可变利益实体视角设计双重股权结构引入的风险防范机制。我国经济已由高速增长阶段转向高质量发展阶段，公司的股权结构相对集中，双重股权结构很有可能会加剧现有公司治理中管理层的道德风险和逆向选择，如何从可变利益实体视角，梳理引入双重股权结构出现的各类风险并设计风险防范机制是本书的重点内容。

### 2. 难点

第一，我国引入双重股权结构的法理逻辑分析。双重股权结构否定了我国现行《公司法》中"一股一权"的制度安排和要求，挑战了科斯创立的现代产权理论，所以梳理我国引入双重股权结构的法理逻辑必须从可变利益实体的视域寻求根据。

第二，我国引入双重股权结构之后的风险识别。设计企业风险预警系统以及风险防范政策必须针对引入双重股权结构可能出现的各类风险，所以制度设计的步骤以及难点在于识别引入双重股权结构面临的风险。

### 1.5.4 主要目标

（1）完成我国引入双重股权结构的制度设计。

（2）完成制度设计之后，梳理我国引入双重股权结构的风险防范机制。

# 1.6 研究思路和方法

### 1.6.1 研究思路

本书围绕引入双重股权结构的制度设计和风险防范问题，按照引入双重股权结构的"必要性和可行性—制度设计和风险防范—投资者权益保护"的思路进行研究：（1）从可变利益实体视角，结合国外双重股权结构发展经验，归纳整理我国引入双重股权结构的重要价值和可行性；（2）针对中国资本市场改革的背景，对股权结构的发展历程进行梳理从而分析引入双重股权结构的必要性；并在此基础上，分析引入双重股权结构的制度设计、风险预警和防范措施。

本书的研究框架如图1-4所示。

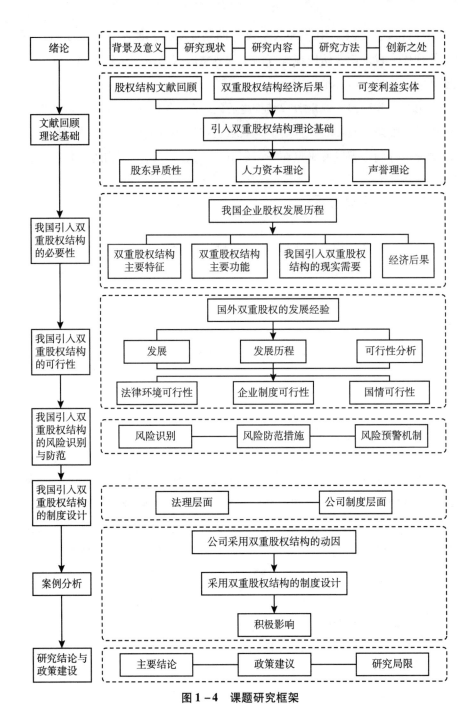

**图1-4 课题研究框架**

## 1.6.2 研究方法

**1. 理论研究与实地调研、访谈相结合**

本书在归纳整理文献的基础上选定单位进行实地调研及深度访谈，从而将研究引入双重股权结构的可行性及制度设计。

**2. 以文献研究为基础的定性分析方法**

为了梳理我国引入双重股权结构的法理逻辑、必要性和可行性，本书将搜集现有双重股权结构的众多文献，以文献研究方法为主。同时，我们将追踪国内外关于双重股权结构和风险预警及防范的案例，并对这些案例进行定性分析和理论研究，梳理总结有关公司治理中公司控制权部分的理论知识以及相关研究现状。首先采用多种方法对本书研究主题所涉及的相关资料进行搜集；其次对各种研究成果进行分析和归纳；最后，从我国资本市场实际情况出发，寻求基本研究结论。

**3. 以案例为基础的定量分析方法**

本书将使用案例研究方法，将互联网行业中典型企业 Xm 公司作为剖析目标，分析 Xm 公司引入双重股权结构的动机，采用双重股权结构为企业带来的积极效益。以时间轴形式梳理 Xm 公司引入双重股权结构的发展与结果。本书数据的主要来源是 Xm 公司的招股说明书、公司年报、公开信息披露和数据库信息。

# 1.7 研究的创新之处

## 1.7.1 研究视角的特色和创新

本书从可变利益实体视角入手，分析处于不同发展阶段的资本市场，公司的股权结构必须与公司所处环境相匹配，当前，我国正在努力构建"国内国际双循环"的经济发展格局，实现企业的高质量发展，基于此，优化公司股权结构，实现各利益相关者利益协同，企业可持续发展，保障公众股东权益。研究的落脚点在我国引入双重股权结构的设计与风险防范上。

## 1.7.2 学术观点的特色和创新

本书基于可变利益实体的视角，对我国资本市场引入双重股权结构的必要性和可行性进行探讨，在此基础上，研究引入双重股权结构的制度设计与风险防范机制，从法理及公司层面设计引入双重股权结构的有效路径，拓展了股权结构研究领域。

（1）引入双重股权结构是我国资本市场发展的现实选择，并具有可行性，而且引入双重股权结构有利于缓解企业控制权之争；有利于缓解公司利益相关者之间的利益冲突；有利于防范恶意收购。

（2）引入双重股权结构在法理层面和公司制度层面上存在障碍，但这种障碍可以清除。

（3）引入双重股权结构必须在风险可控的基础上，针对这种风险能够建立相应风险预警系统，可以防范。

## 1.7.3 研究方法的特色和创新

本书将选定单位进行实地调研及深度访谈，研究引入双重股权结构的可行性及制度设计，并通过大样本统计分析引入双重股权结构的经济后果及影响因素，梳理了我国引入双重股权结构的有效路径，并提出相应政策建议。

# 第2章

# 文献回顾与理论基础

双重股权结构最早起源于国外，具有悠久的历史，国外学者对其的研究取得了相当丰富的成果。近年来，国内对双重股权结构也进行了大量研究，本书通过对相关文献的回顾，为研究我国引入双重股权结构的制度设计与风险防范提供了理论基础。双重股权结构起源于19世纪的美国，此后多次修改对双重股权结构进行规范的相关法律法规。1925年，美国纽约证券交易所规定不允许发行没有表决权股票的公司于该所上市，到了20世纪80年代，纽约证券交易所又放宽双重股权股票的发行。究其原因，对双重股权结构持消极态度的批评者认为，引入双重股权结构破坏了股东民主，导致同一家公司的股东的地位不对等，持有公司无表决权股票的股东被剥夺了参与公司经营决策的权利（Li and Zaiats，2017）。双重股权结构的赞成者发现公司引入双重股权结构能预防被"敌意收购"（Masulis，2009；张舫，2012）。除此之外，在欧洲，多数国家的资木市场都允许上市公司发行含多份表决权的股票，然而，现实中众多国家对发行双重股权结构的股票发行条件越来越高。基于此，在法理上，我国引入双重股权结构还存在争议，本书分别从法律法规的层面与公司制度层面寻求政策建议，梳理我国引入双重股权结构的理论基础。

引入双重股权结构制度可能产生的主要风险在于控股股东利用自身的控制权，将成本与风险转移给公众股东身上，从而谋取超额控制权私有收益。因此，引入双重股权结构可能导致公众股东权益受到损害，不利于公众股东权益保护（Bebchuk，1999）。而在"同股同权，一股一权"的股权结构制度下，所有股东都能够利用股权进行表决，对损害公司利益的决策和行为进行监督，当然，因为参与表决的股东较多，控股股东可能采取内部行为，损害公司利益，谋取个人私利，导致中小股东权益受到侵害。本书以此为研究方向将内部控制的国内文献与国外文献进行对比，提出针对双重股权结构的经济后果引入双重股权结构的风险预警和防范措施。本章第2.1节为企业股权结构的文献回顾，第2.2节为双重股权结构的经济后果文献评述。

## 2.1 企业股权结构的文献回顾

### 2.1.1 股权结构

股权结构是在现代股份公司中，公司股东拥有的公司股票数量与份额在所有投资主体的分布状况，股东可以是法人股东，也可以是自然人股东，股权结构能反映公司股权分配状况，如控制权，还包括公司剩余索取权。公司的组织形式及治理模式在很大程度上取决于公司股权结构，在公司决策中，股权结构直接决定了股东的话语权，同时还决定了公司的人事安排。已有文献对公司股权结构的研究已经相当丰富，主要集中在股权集中度、股权制衡与股权性质。股权集中度是指公司的股东持股的集中程度，是评价公司股权分布情况的重要指标，当前，学者们主要通过前几大股东的持股比例对股权集中度加以度量；股权制衡是指股东之间相互牵制的状态，股东作为公司的利益相关者，是理性的经济人，由于股东能够参与公司的经营决策，尤其是控股股东，能够决定公司的经营决策和财务决策，如果没有其他股东的监督和制衡，其很可能利用自身优势进行"隧道挖掘"行为,表现在股权结构中,股东间持股数和持股比例越接近,那么股权制衡度就越大,否则,股东间持股数和持股比例差距巨大,尤其是所有中小股东持股比例都小于50%,那股权制衡度就小,各股东之间很难形成有效监督和约束;股权性质是公司股东的性质,按照投资主体属性股权性质主要包括国有股、社会公众股与个人股。我国资本市场成立至今已超过30年,成立之初,主要是由国有企业转制设立,上市公司的国有股占比特别高,经过30多年的发展,社会公众股和个人股已经占据了半壁江山。

## 2.1.2 双重股权结构

双重股权结构又称双层股权结构,或者二元股权结构,是指公司发行了表决权和现金流权不一致的股票,这种股权结构形式被称为双重股权结构。依据表决权和现金流权的区别,包括优先股、多数表决权股以及限制表决权股,一般情形下,优先股不具有表决权,不参与公司的经营决策,但优先分配公司利润,同时,一旦公司破产,优先股股东享有优先分配公司破产财产的权利;持有限制表决权的股东不具有表决权,不参与公司生产经营决策,也可能只有当其持股比例达到一定比例时,才具有一定的表决权,或者将其表决权限制在一定范围内;多数表决权与限制表决权相反,多数表决权的持股人具有相比股份数更多的表决权,充分显示了表决权优先原则,多数表决权股票每股享有两倍甚至更多倍数的表决权(张继德等,2017)。双重股权结构就是多数表决权股,在表决权与现金流权分离的状况下,双重股权结构背离了"一股一权"的原则,在公司决策时,公司股票被拆分为"一股一权"和"一股多权"两种,当然也可能有包含"一股无权",但在现金流权分配时,两者是一致的,但在表决权上,"一股多权"的股票可能是"一股一权"股票的数倍甚至20倍,拥有高表决权股票的股东享有更多更大的表决权,一般情况下,创始人、公司的执行董事和其他管理层持有公司的高表决权股票,主要意图是为了保障创始人的控制权,保证公司股权在被稀释后仍然能控制公司,保障创始人对公司长远发展计划的实施（Hanson et al.，1996；Gompers et al.，2009；蒋学跃，2014）。

双重股权结构起源于美国，至今已有 100 多年，虽然在此过程中历经波折，但当前，美国越来越多的公司选择采用双重股权结构。在我国，2019 年之前不允许引入了双重股权结构的公司在境内上市，在此背景下，2005 年 8 月，百度公司远赴美国纳斯达克上市，具体来说，百度公司发行了 A 类和 B 类两种股票，A 类股股票一股持一份表决权，B 类股股票一股持 10 份表决权，这样才能充分保证百度公司上市后创始人仍能控制该公司；2014 年 5 月，同样引入了双重股权结构的京东商城在美国上市，京东商城也发行了 B 股股票，相对于其他股票，B 股股票一股享有 20 份表决权；同年 9 月份，阿里巴巴也加入海外上市的队伍中，阿里巴巴采用了"阿里合伙人制度"，由于该制度规定创始人拥有"超级表决权"，而当时我国香港地区还没有放开对双重股权的限制，所以阿里巴巴只能选择去美国上市。

近些年，我国国内众多互联网高科技公司迅猛发展，其创始人意图在保障其控制权的基础上扩大公司融资规模，因为双重股权结构一方面能满足公司融资多元化需求，另一方面能满足投资偏好异质化需求，所以双重股权结构越来越受到互联网高科技公司的青睐（Dimitrov，2006；朱慈蕴等，2013）。不过需要注意的是双重股权结构在我国境内一直没有得到全面认可，导致众多互联网高科技公司远赴境外上市融资。在境外市场，双重股权结构被广泛接受，但认可程度有很大差别，美国和加拿大对双重股权结构引入的制度比较宽松，而我国香港地区政策相对苛刻，仅仅允许部分符合要求的公司引入双重股权结构（石晓军和王鹜然，2017）。

不仅是接受程度有差别，世界上主要国家对资本市场引入双重股权结构重复了允许与禁止的反复过程。在美国，自 19 世纪兴起双重股权结构以后，到 1926 年，纽约证券交易所禁止公司发行无表决权的股票，但美国其他两个股票交易所对双重股权结构一直持认可态度，比如纳斯达克证券交易所从没对上市公司发行股票的表决权提出要求；美国证券交易所禁止公司发行没有表决权的股票，但董事会成员包含选举权的股票能够上市。此后，到了 20 世纪 80 年代，因为恶意收购盛行，导致市场对双重股权结构的巨大需求，又由于双重股权结构能保护创始人的表决权，因此众多公司引入双重股权结构，从而有利于公司反制恶意收购。此外，由于公司上市，股权会被稀释，控制权可能会丢失，所以，此时众多美国公司选择在纳斯达克证券交易所和美国证券交易所上市。基于各方的压力，纽约证券交易所逐步放开对双重股权结构的限制，允许有条件的公司采用双重股权结构上市。此后，美国国会敦促三家证券交易所达成一致建议，允许双重股权结构公司上市。

双重股权结构既有优点也有缺点。所以我国引入双重股权结构有利有弊，一方面双重股权结构能满足股东需求的多元化，保障创始人的控制权，稳定公司控制权，有效防止公司被恶意收购，助力公司的高质量发展；另一方面，我国长期以来形成了公司股权相对集中的局面，双重股权结构容易导致控股股东的道德风险问题，侵害公众股东权益。

## 2.1.3　特殊股权结构与公司治理

现代企业已经由所有者控制转向经营者控制，所以企业所有权和经营权出现分离，并随着经营者权力的增大，会出现损害所有者利益的倾向，这标志着公司治理领域的研究正式成为学术领域的重要课题。詹森和麦克林（Jensen and Meckling）于 1976 年发表《企业理论：管理者行为、代理成本和资本结构》一文，他们将金融理论、代理理论、产权理论的要素综合起来，提出了"委托代理理论"。作者把股东与管理者的利益冲突所导致的代理成本界定为股权代理成本，将股东和债权人的利益冲突所导致的损失以及债券破产成本界定为债权代理成本。詹森和麦克林认为随着股权和债务比率的变动，两类代理成本会存在一种权衡（trade-off）关系。这一理论后来发展成为契约成本理论（contracting cost theory），其理论核心是资源的所有者（股东）和使用者（管理者经理人或创始人团队，以下简称"经理人"）的分离会造成剩余损失成本、约束成本和监督成本。具体而言，当经理人本身就是所有者时，即拥有企业全部的剩余索取权，此时所有权和经营权合一，经理人会努力地为自己工作，不存在代理问题。但是，随着现代企业资本运作方式的改变，经理人通过发行释放股权，从外部吸取新的经济资源，此时企业的所有权高度分散。作为理性经济人，经理人会存在提高在职消费、逆向选择等不利于长期业绩增长的动机，这些即为剩余损失成本。而为了降低此类代理成本，股东所付出的代价包括设立董事会进行监督、设置激励措施激励管理层，这些即为约束成本和监督成本（魏明海等，2011；唐建新等，2013）。

### 2.1.4 特殊股权结构与代理成本

#### 1. 第一类代理成本

第一类代理成本是由于股东与管理层之间的代理关系形成的，詹森和麦克林认为公司必须在剩余损失成本、管理层的约束成本及监督成本之间权衡，标志着第一类代理问题——股东与管理者的研究走向了成熟。主要包括以下四种类型。

第一，控制权私利。在传统的同股同权制度下：经理人获得私人控制权时会谋求职位安全或攫取其他控制权私利。高菲等（2017）发现与普通法系下的发达国家相比，中国上市公司控制权私利水平较高，控制权私利与公司规模、财务状况呈显著负相关，当股权转让比例高于25%时，控制权私利与转让比例呈显著正相关。刘启亮等（2006）以格林柯尔为例，提供了中国民营企业两权分离、大股东侵占小股东利益的证据，在部分投资者保护相对较弱的国家，很多上市公司会选择金字塔股权结构模式获取控制权私有收益，进一步降低了公司治理效率。在投资者保护较弱的环境中，利用隐蔽复杂的金字塔结构获取控制权私利，影响公司治理效率和效果。在特殊股权结构下：创始人与经理人合一，更加容易导致创始人（经理人）获取私利的行为（高菲和周彬彬，2017；冯向前，2014）。徐浩萍和王立彦（2006）研究发现，双重股权结构下公司股权再融资可能加剧非流通股股东对流通股股东的利益侵占行为，从而导致控制权私利加大，即"控制权收益效应"。因此，获取控制权私利，也是创始人（经理人）构建特殊股权结构的动机。

第二，高管薪酬。已有文献发现企业创始人通过实际控制权获得更高薪酬。在特殊股权结构下，由于创始人（小股东）与经理人身份合一，薪酬对创始人的激励作用以及创始人获取高薪的动机相对减弱，对于创始人而言掌握实际控制权更具有激励作用。

第三，逆向选择。马苏里斯等（Masulis et al.，2009）发现因为创始人获得了比所有权更高的控制权，在所有权和经营权分离的情形下，导致创始人很可能作出违背其他利益相关者利益的决策。本书认为在特殊股权结构下，由于创始人的少数股权与经营权的分离程度得到弥合，创始人逆向选择的动机被削弱或者消除，即创始人通常也是经理人，为其自身利益考虑，作出逆向选择的可能性被弱化。

第四，短期趋利行为。所有权与经营权的分离，使得创始人更为短视，不利于企业的长期业绩表现（Partch，1987；Dimitrov，2003；李维安等，2012）。本书认为在特殊股权结构下，由于创始人同时也是经理人，所拥有的少数股权具有实际控制权，从自身利益考虑，其短期趋利行为的动机被削弱。因此，结合既有文献，本书认为双重股权结构下的公司的第一类代理问题动机很强，具体表现为创始人对其他公众股东的"隧道挖掘"，最终形成了"内部人控制"局面。

2. 第二类代理成本

对东亚企业来说，通常企业大股东也是管理者，这样就不存在第一类代理问题，但是由于股权相对集中，所以大股东会利用股权优势侵害中小股东利益，即大股东"隧道挖掘"问题。法柯西奥等（Faccio et al.，2002）对此进行了早期的研究，使公司治理的热点从股东和管理者之间的委托代理问题转向了大股东和中小股东之间的委托代理问题，这就是第二类代理问题。陈海声和梁喜（2010）研究了股权分置改革对上市公司控制权的影响，发现股权分置改革虽然对中小投资者保护有所加强，但仍不能避免控制权、现金流权分离带来的掏空行为。对于中国企业而言，不仅存在第一类代理问题，更为突出的是第二类代理问题，由于股权集中度较高、一股独大使得大股东对中小股东的利益侵害较为常见（冯根福等，2002；徐莉萍等，2006；刘志远和毛淑珍，2007）。周嘉南等（2015）对投资者与创始人产生冲突的 17 家企业进行了实证研究，结果表明投资者与创始人之间最主要的冲突是控制权冲突，另外创业文化和制度冲突属于中国特色且不容忽视。中国公司治理受传统文化影响很深，正式制度的执行效率较低，非正式制度安排对公司治理的影响较大。除了资本所代表的"资本多数决式"的控制，政治背景、社会关系等因素都对股东或管理者在企业中的地位有重要影响。从而使小股东也可以借助股权以外的要素对企业实施控制，导致大股东与中小股东之间的第二类代理问题在新兴企业中变得更加复杂。相对于同股同权下的大股东掏空行为，在特殊股权结构下，仅占少数股权的创始人掌握了实际控制权，抑制了大股东的掏空行为。在创始人与拥有相对多数股权的投资者对企业控制权反复博弈的情景下，大股东与中小股东（创始人）的主要冲突不再是"掏空"。因此，特殊股权结构下的第二类代理成本，主要表现为资金所有者为谋求与其出资额对等的表决权，采取种种激进行为与创始人争夺控制权，即"野蛮人"入侵，成为更加突出的第二类代理问题（Smart and Zutter，2003；叶继英等，2004）。

## 2.1.5 特殊股权结构与控制权

控制权实际是指权利人对公司财产物质进行支配的权利。既包括有形资产，也包括无形资源，比如对公司的表决权。

1. 特殊股权结构下的控制权与现金流权分离

勒蒙和林斯（Lemmon and Lins，2003）对东亚国家的研究发现，在创始人作为管理者，其拥有现金流权明显少于表决权的新兴企业中，企业价值与两权分离度呈显著负相关、与公司治理水平呈显著正相关。分离型和非分离型金字塔结构各自对产生的负面和正面治理效应发挥主导作用——在分离型金字塔结果下，多个终极控制人的现金流权和控制权的制衡效应降低了企业价值；而在非分离型金字塔结构下，该制衡效应提升了企业价值（毛世平和吴敬学，2008；周颖等，2012）。徐细雄和刘星（2013）基于国美电器控制权之争的案例分析表明，传统家族威权治理存在局限，其控制权冲突源于权力制衡的缺失，创业家族企业在转型过程中应该形成核心控制权、一般控制权和现金流权的均衡，从而实现创始家族与经理人的互惠相容，这有利于缓解家族企业的转型之痛。燕志雄和费方域（2007）认为在企业融资中，融资合同是不完全的，因此对于谁作出关键决策的控制权安排是金融合同的重要维度，并证明了控制权在坏状态而非好状态时会转移给投资者。因此基于已有的文献研究，本书认为在引入了特殊股权结构的公司中，如双重股权结构，比"一股一权"的传统公司控制权和现金流权分离的问题更加严重，公司治理问题更复杂。

2. 股权高度分散导致内部人控制现象

股权集中度高度分散的时候，企业的经管权和所有权彻底分离，致使管理层可能实际控制了公司，即"内部人控制"现象，管理层在公司治理中处于核心地位。在此状态下，充分占有信息的是管理层，"柠檬溢价"问题更加突出，中小股东"搭便车"行为严重，也没有能力监督管理层的行为。因此，在股权高度分散的公司，职业经理人更不容易更换。

3. 适度的股权集中度有助于促进代理竞争

适度的股权集中度，被众多学者认为是能够充分发挥代理竞争的制度安排。首先，由于大股东持股比例较高，所以大股东有动力去努力监督管理层；其次，由于股权相对比较集中，中小股东更加团结，也更容易获得其他股东的支持，对外统一的"声音"有利于中小股东参与公司治理；最后，适度集中的股权结构安排下，公司不存在绝对控股股东，相对控股股东没有能力绝对控制职业经理人的推选，因此，适度的股权集中度有利于在充分竞争的环境中推选出最佳职业经理人。

# 2.2 双重股权结构的经济后果评述

西方国家对双重股权结构的经济后果的研究中，对股权结构安排的影响因素及经济后果研究较多，但对引入双重股权结构问题研究较少，尤其缺乏从理论层面分析引入双重股权结构的合理性。公司拥有众多利益相关者，而利益相关者需求各异，相互间会出现利益冲突，控股股东可以利用表决权的优势实施"隧道挖掘"行为，进而侵占中小股东的利益。引入双重股权结构后，创始人可以利用更少的股权控制公司，进行"隧道挖掘"付出的代价更小，获取的收益更大，更容易导致控股股东的"隧道挖掘"行为，因此，如何设计引入双重股权结构的风险预警和防范，现有文献较少涉及。吕长江、肖成民（2007）发现要遏制控股股东的"隧道挖掘"行为，必须加强公司的股东保护法律法规建设，不断完善上市公司的信息披露制度。已有文献对中小股东权益保护的研究主要从法治建设、管理层的激励和监督以及债务契约等视角展开。公司的累进投票政策可以有效削弱控股股东在直线投票机制中对董事会人选的控制程度（Ashton，1994；Bebchuk et al.，2000；Skog，2004）。股东的集体诉讼机制也被发现是防范公司控股股东进行"隧道挖掘"的有效手段，而且能够摊薄中小股东的诉讼成本（江伟和沈艺峰，2008；权小锋等，2010）。

## 2.2.1 "隧道挖掘"与控制权私有收益

### 2.2.1.1 "隧道挖掘"行为动因

"隧道挖掘"行为，又称为利益输送、掏空，原本的含义是被用来指利用地下通道转移财产的行为，在财务学中，"隧道挖掘"行为被用来形容控股股东谋取私利的行为，控股股东利用自身控制权通过合法或者不合法的手段转移公司财产，构成了对中小股东利益和利益相关者利益的侵占行为。"隧道挖掘"行为的产生并非某一因素导致的，而是众多因素共同作用的结果。

刘玉龙（2014）等通过对我国 A 股上市公司的实证检验发现我国越来越多的上市公司实行金字塔式股权结构，实行金字塔式股权结构的公司实际控制人的控制结构不尽相同，在金字塔式股权结构的上市公司中，金字塔式持股的复杂程度与控股股东的"隧道挖掘"行为负相关，然而，这种股权结构导致虚拟控制人更严重的"隧道挖掘"行为。黎明与刘文琦（2015）研究了控股股东"隧道挖掘"行为的动因，发现处在财务困境的控股股东更有动机侵害上市公司的利益，同时还发现公司所在地的政府部门对公司的干预程度会影响控股股东的"隧道挖掘"行为，干预程度越大，控股股东的"隧道挖掘"行为越严重，尤其是在财务状况不佳的公司。在上市公司中控制权的行为导致了控股股东侵害中小股东权益现象的发生，但可以通过完善相关法律降低"隧道挖掘"行为发生的概率。如果公司所处的市场环境对股东保护力度不足，保护措施不完善，导致控股股东的"隧道挖掘"行为得不到有效约束，那么控股股东的"隧道挖掘"行为必然产生，控股股东与中小股东的利益冲突将更加尖锐。控股股东"隧道挖掘"行为出现的主要原因是当地法律对投资者保护的程度不够（Lerong，2008；Martin，2005；许荣等，2015）。此后国内学者也对我国法律环境对控股股东的"隧道挖掘"行为的影响做了大量研究，朱红军、何贤杰与陈信元（2008）利用驰宏锌锗定向增发案例，发现在相关法律法规不健全的情形下，公司定向增发，中小股东不能有效与控股股东进行利益协调，控股股东的机会主义行为得不到有效监督，从而导致控股股东的"隧道挖掘"行为。

公司引入双重股权结构之后，由于有表决权的股东能够利用较少的股权对公司实施控制，掌握特别表决权股的公司高层比其他中小股东更加了解公司的经营信息和经营状态，也可以决定公司的发展方向，当他们存在道德问题、经受不住利益诱惑时，高表决权为他们对公司进行"隧道挖掘"提供了便利，也成为中小股东利益受损的风险所在。

### 2.2.1.2 "隧道挖掘"方式

不同的情形下，控股股东会选择不同的"隧道挖掘"行为。通过对现有文献进行梳理，发现占用上市公司资金、关联交易、并购重组和定向增发是控股股东最经常利用的手段。尤其是在双重股权结构下，控股股东的表决权更大，控股股东更有条件将资源转移出去，实现"隧道挖掘"行为。当然，不同的"隧道挖掘"行为方式的运用条件有所差别。

1. 资金占用

资金占用是控股股东对其他利益相关者进行"隧道挖掘"最主要的方式，我国资本市场股权集中度较高，作为最简单最直接的"隧道挖掘"行为，控股股东的控制权越高，越青睐于这种方式（Rajan，1998；叶康涛等，2007）。江等（Jiang et al.，2010）通过经验数据发现在我国资本市场上，控股股东通过资金占用的方式进行"隧道挖掘"行为极其普遍。当然，资金占用也有多种形式，具体包括应收账款和其他应收款等。控股股东还可以利用上市公司再融资，而再融资的目的是从中小股东手中筹集更多资金，这样，为控股股东今后对上市公司进行利益侵占打下坚实基础。与此同时，控股股东还可以利用自身的控制权，通过采取占用公司非经营性资金的方式对再融资筹集到的资金进行"隧道挖掘"，损害公众股东利益。赵玉芳等（2012）通过2006~2010年我国沪深两地实施定向增发的上市公司数据，发现相较于未实施定向增发的上市公司，实施了定向增发的上市公司的资金占用情况更严重。此外，对于财务状况不佳的公司，由于其对资金需求更迫切，更可能对上市公司进行资金占用，控股股东进行"隧道挖掘"的动机更强烈。

在引入了双重股权结构之后，控股股东拥有的表决权更高，但持股份额较低，这就意味着控股股东进行资金占用的效果更明显，因为控股股东的所有权比例更低，被占用资金中属于控股股东部分就更少。而且，公司采用了双重股权结构，创始人很可能也是公司的高级管理者，这就容易导致控股股东的"隧道挖掘"行为。

2. 关联交易

在我国资本市场中，关联交易和资金占用同样较为普遍，但与资金占用不同的是，关联交易根据实际情况，其目的不一样。控股股东通常在公司的财务状况较好时采用非公允关联交易的方式进行"隧道挖掘"（Peng et al.，2011）。而在财务状况不好时，控股股东又可能采用非公允的关联交易帮助公司渡过难关，此时不是表现为"隧道挖掘"行为，而是对上市公司的"支持"，但是其"支持"的最终目的也是为了继续保持控股优势从而带来私人收益。

关联交易的"隧道挖掘"行为很难进行确定，理由是资产的公允价值很难度量，在实务中，控股股东在进行关联交易时通常会运用看似正常合理的价格，但实质上损害了公众股东的利益。控股股东与上市公司之间的关联交易越频繁，交易金额越高，那么股票的超额回报越低，这类关联交易实际成了控股股东的"隧道挖掘"手段（Jian and Wong，2003）。当然，关联交易也可能成为控股股东对公司"支持"的手段。许荣等（2015）发现当上市公司财务困难时，控股股东会利用关联交易对其给予支持。郑洋（2010）利用 ST 河化公司的数据进行案例研究，也发现关联交易既可能是控股股东的"隧道挖掘"手段，也可能是"支持"行为的重要手段。

在采用了双重股权结构的公司，控股股东的决策权更大，"话语权"更重，关联交易更可能成为控股股东进行"隧道挖掘"的手段。当然在公司出现危机时，也会给予援助。总之，当上市公司的财务状况比较好时，控股股东就会利用关联交易进行"隧道挖掘"；反之，当上市公司发生财务危机时，控股股东就可能利用关联交易给予"支持"。

3. 现金股利

股东投资企业是为了获得投资回报，现金股利作为股东获得的主要投资回报，很可能成为控股股东进行"隧道挖掘"的手段。唐清泉和罗党论

（2006）搜集了我国上市公司现金股利发放数据，以此为样本进行实证研究，结果发现现金股利也是我国上市公司进行"隧道挖掘"的手段，而且控股股东的持股比例与现金股利发放的金额显著正相关。另外，由于我国上市公司股权比较集中，其他股东对控股股东利用现金股利进行"隧道挖掘"起不到很好的监督作用。并且公司控股股东持股比例不同，其对"隧道挖掘"行为的方式也有区别。朱德胜（2010）通过我国资本市场数据研究发现，控股股东在"隧道挖掘"行为手段的选择上与其持股比例有很大关系，存在很大差异。同时，公司的所有权与经营权分离程度越大，控股股东越不倾向于发放现金股利。

### 4. 定向增发

定向增发是我国上市公司的主要融资方式之一。第一，定向增发成本较低，相对于公司首次发行新股，定向增发的发行费用更低。第二，定向增发可以使上市公司快速融资。因此，我国上市公司非常偏好定向增发的融资方式，此外，定向增发还可以进行折价，发行时机公司可以把控，这些因素都可以影响定向增发价格，因此，定向增发也成为控股股东进行"隧道挖掘"的主要方式之一。但是控股股东的"隧道挖掘"行为会促使公司定向增发股价下跌，而且，"隧道挖掘"行为越严重，定向增发的利益协同效应越弱（Anabtawi，2006；Avey，2009；陈耿和杜烽，2012）。郑艳秋等（2015）利用我国上市公司再融资的数据，通过比较分析发现定向增发是我国上市公司较为青睐的"隧道挖掘"手段，已成为上市公司再融资的主要方式，但是在定向增发过程中，"隧道挖掘"行为比较普遍，主要包括对公司进行劣质资产注入、虚增公司资产价值等，严重损害了公众股东的利益，打击了投资者的信心。

公司进行定向增发股票，控股股东可以通过控制市场时机选择、资产注入和盈余管理方式等手段，利用定向增发向控股股东进行利益输送（李翠仿等，2014）。何贤杰等（2009）从利益输送的角度出发，研究利用定向增发进行"隧道挖掘"的主要方式，具体包括股价折价发行、操控公司红利分配政策、原始股东参与再融资以及注入劣质资产等。杨文平等（2015）

对熊猫烟花公司进行案例研究，发现在定向增发过程中，控股股东会选择市场时机，在定向增发前后，低买高卖公司股票，既保留对公司的控制权，又能获得超额回报。在投资者情绪相对低迷时，通过定向增发进行"隧道挖掘"的效应越大，控股股东更有意愿定向增发。在采用了双重股权结构的公司中，控股股东通过定向增发再融资的意愿更强烈，因为定向增发普通股不会影响控股股东的控制权，在此情形下，控股股东的"隧道挖掘"行为更严重（Lee，2007；Ameer，2009）。

### 5. 并购重组

公司的并购重组过程较为复杂，操作空间比较大，所以给控股股东的"隧道挖掘"行为提供了有利条件，控股股东本身就有动机对上市公司进行利益侵占。一般来说，当上市公司的绩效较好时，控股股东更可能选择利用并购重组方式对公司进行"隧道挖掘"（刘峰等，2004）。通过分析，控股股东"隧道挖掘"的方式多种多样，根据公司实际状况，更可能选择与自身客观条件相吻合的手段向外进行利益输送。刘峰和贺建刚（2004）通过整理我国上市公司并购重组数据，研究发现控股股东的持股比例越大，越可能倾向于通过大额分派现金股利和关联方并购进行"隧道挖掘"；当控股股东的持股比例较低时，越可能倾向于通过占用资金、股权转让或关联担保等方式进行"隧道挖掘"。公司的实际控制人持股比例、公司违规的受惩罚力度以及监管机构的监管力度是影响控股股东"隧道挖掘"的主要因素（Weia，2003；Balp，2019；张耀伟，2009）。关联并购交易或集团内的并购重组行为存在实际控制人的"隧道挖掘"行为，还存在着有关部门的支持，公司如果处于盈利状态的话，公司的控股股东一般会操纵资产评估增值率实现"隧道挖掘"，而且会利用资产评估方式的选择从而掩盖其行为（陈骏和徐玉德，2012）。山峻和夏东（2013）等通过整理1782家上市公司的样本数据，实证研究发现控股股东会通过扩大公司债券融资规模，操纵公司自由现金流量方式实现"隧道挖掘"，而且控股股东的持股比例越高，非控股股东的制衡效果越差。采用双重股权结构的公司，对外扩张的可能性更大，因为控股股东持股比例不高，但表决权很高，通过对外扩张，其控制的资源更多，在这种情形下，采用双重股权结构可能导致控股股东更严重的"隧道挖掘"行为。

## 2.2.2 "隧道挖掘"行为经济后果

资本市场要健康有序发展，必须监督和约束控股股东的"隧道挖掘"行为，保护中小股东与其他利益相关者的权益，保障上市公司的整体利益。乌格勒（Wurgler，2000）发现公司控股股东对中小股东的利益侵占行为降低了市场的资金配置效率，不利于国家投融资环境的稳定和资本市场的发展。大股东的"隧道挖掘"行为使得上市公司未能充分、公允地展示公司的财务状况和经营成果，导致公司的会计信息质量低下，从而影响公司的外部信息使用者未能准确评估公司披露的信息，并显著降低金融市场的透明度（Wang et al.，2014）。约翰（Joh，2003）发现有的公司在韩国证券交易所上市后，控股股东会利用关联并购给自己的公司进行利益输送，导致上市公司绩效下降，从而影响了韩国经济的健康发展，最终导致巨大的金融危机。综上所述，控股股东的"隧道挖掘"行为严重损害了中小股东利益，严重影响了资本市场的健康稳定运行，对经济的繁荣发展产生了冲击。

## 2.2.3 利益相关者理论与中小股东权益保护

要切实保护中小股东权益，就要从公司治理机制入手，从公司治理结构中加大中小股东的话语权，将控股股东的决策行为置于阳光之下，形成对控股股东的有效约束，完善上市公司治理。一方面，充分调动控股股东的积极性，发挥控股股东对公司经营决策进行控制、施加影响的权力，将被控制公司经营好，从而能更好地为投资者服务，回馈社会；另一方面，也要对控股股东的行为进行有效监督，因为控股股东具有绝对控制权，很容易实施"隧道挖掘"行为。当前，我国资本市场发展仍然存在诸多不足，保护中小股东权益任重而道远，首先，应加强对上市公司的内部控制建设，使控股股东的不当行为在公司内部控制环节进行牵制；其次，明晰控股股东的权责划分，绝对不能所有决策都是控股股东"一言堂"，要明确什么样的决策可以要求多数票通过，什么样的决策要求更高比例的票数才能通过，以此来约束在重大决策时控股股东的不当行为；最后，要完善各投资者及利益相关者行使权利的渠道，只有将所有利益相关者的积极性都调动起来，才能有效监督控股股东的"隧道挖掘"行为，才能提升市场效率，有利于资本市场健康发展。

## 2.2.4  控制权私有收益理论与中小股东权益保护

高斯曼和哈特（Grossman and Hart，1986）最先对控制权私有收益进行了研究，发现公司的控股股东不仅可以获得共享收益，还能利用自身控制地位谋取私有收益。控股股东之所以会进行"隧道挖掘"，侵害中小股东权益，原因就在于控制权私有收益。

控制权私有收益受控制权与现金流权分离程度的影响，两者分离程度越高，控股股东谋取私有收益的动机就越强烈。实务中，控股股东很可能通过直接持股与间接持股两种方式达到对公司的控制，而且控制链条越长，控制的层级越多，控股股东谋取控制权私有收益的成本越低，因为控股股东谋取私有收益需要付出的现金流成本越低（Claessens et al.，2000）。

控制权本身是有价值的，因此很多公司为争夺控制权愿意付出更高代价。所以控制权私有收益在一定程度上有其合理性，不论争夺控制权发生在事中还是事后，都需要付出相应代价，那么这部分成本控股股东肯定会寻求通过控制权加以弥补，这属于正常范畴（冉茂盛等，2010；关鑫和高闯，2011）。一旦控制权私有收益超过这个范畴，那就属于超额控制权私有收益，这部分就是控股股东对中小股东的"隧道挖掘"，是控股股东对公司利益的掠取。

从 2004 年开始，我国开始了股权分置改革，由于之前国有股份额过高，股权分置改革加大了民营资金进入资本市场的步伐，民营股东与国有股东的利益需求明显不同，因此，控股股东谋取私有收益的控制层级或者是控制方式都有明显差异。民营控股股东谋取控制权私有收益难度要大于国有控股股东，原因是国有控股股东在政策支持以及资源优惠等方面具有天然优势，而且两者控制权与所有权也不同。学者通过实证研究发现西方发达国家的控制权私有收益平均为 3.8%，总体而言水平不高。因为我国资本市场起步晚，股东权益保护的相关法规政策有待完善，机构投资者中的中小股东的监督作用比较小，因此我国上市公司的控制权私有收益相比西方国家要高 24%～30%（Dyck et al.，2002；唐宗明和蒋位，2002）。

## 2.3　可变利益实体的理论基础

### 2.3.1　可变利益实体的含义

可变利益实体（variable interest entities；VIEs）由美国财务会计准则委员会（Financial Accounting Standards Board）于 2003 年首次提出，要求如果某实体对另外一实体实际上达到了控制性财务权益，那这一实体必须将其纳入一起编制合并财务报表，不论对其是否拥有多数表决权，这一被掌握了控制性财务权益的实体称之为可变利益实体（Wilson，2004；Fleming，2006；Alan et al.，2013）。实际上，某实体掌握了另一家实体的控制性财务权益，意味着其承担了可变利益实体的主要风险，同时享有其收益的第一受益对象。

在此之前，特殊实体是不需要提供合并报表的，也就意味着，只要没有对另外一个实体实施控制，就不需要将其纳入一起编制合并报表，尽管承担了其主要风险，也是其收益的主要受益对象。因此，可变利益实体的提出，弥补了原先特殊实体不必纳入编制合并报表的漏洞（Anonymous，2013；WEI et al.，2018）。虽然美国财务会计准则委员会并未准确地给可变利益实体下定义，但规定了可变利益实体须具备以下要件：

（1）假如某一实体不能从股东之外的其他方获得额外的财务支持，那么股东的权益投资就不能满足实体经营所需。

（2）下列项目中，股东缺乏一个或多个财务权益特征：①股东并不能在实质上掌握控制权，不论是直接的还是间接的；②实体的预期风险损失主要由企业承担；③实体实现盈利后，获取实体中预期收益的权利。

（3）股东获取的经济利益与其所持股份的表决权比例不对等，可能其持有可变利益实体的表决权比例较低，但是其享有的经济利益比例较高。

从以上要件可以看出，可变利益实体实质上是被控制的某一实体，但控制权并非源于股权的份额，而是来自契约的特殊安排，这一安排使得股东在没有获得多数股权的情形时实现实质上的控制权，且通过控制权享有经营利润，这一安排可以通过特殊目的实体实现（Special Purpose Entities），也能够通过表外融资结构等其他实体实现（Frank，2009；Gavin，2010；Alan，2012）。美国财务会计准则委员会提出，一旦一家公司享有另一家主体的多数剩余报酬，或者承担了另一家主体的多数经营风险，或者说这两种情形都存在，则该主体就是这家公司的可变利益实体，这家公司须在财务报表中披露这一可变利益实体的经营状况。

### 2.3.2  可变利益实体的发展历程

可变利益实体概念的提出源自美国，起因是安然公司事件。对安然公司的调查研究发现，在此之前，美国财务会计准则委员会并没有要求上市公司必须对外披露特殊目的实体的经营状况，上市公司不需要将特殊目的实体纳入合并报表范畴。在此背景下，安然公司利用特殊目的实体隐藏公司的大量负债，将公司亏损转移到特殊目的实体，从而不在财务报表中披露，最终导致公司破产。实质上安然公司的信息披露并不违背当时美国财务会计准则委员会的要求，但却损害了公众股东的利益。由于当时美国对特殊目的实体信息披露不做要求，因此很多上市公司将其作为会计监管甚至逃避税收的重要手段，在一段时间内，特殊目的实体在公众股东间"声名狼藉"，投资者将矛头直指特殊目的实体，认为会计准则存在重大缺失（Arlette，2004；Serena，2014；孔宁宁和王晶心，2015）。安然事件以后，美国财务会计准则委员会意识到了问题的严重性，因此，在2002年6月份，美国财务会计准则委员会发布了《特殊目的实体的建议解释》，要求上市公司依据特殊目的实体是否拥有控制性财务权益进行合并处理，假如没有多数表决权，则需要按照可变利益实体处理。这项规定是美国财务会计准则委员会为了避免后期出现类似安然公司问题作出的反应，将可变利益实体纳入一起编制合并报表，能在很大程度上制约部分公司通过可变利益实体进行表外融资、隐藏债务和费用、虚增盈余的行为，促使企业更加客观、公允地提供财务信息和风险损失（Callahan，2012）。

在可变利益实体概念被提出之前，新浪公司于2000年就赴美国纳斯达克上市了，这是我国首家引用可变利益实体结构在海外上市的具体案例，此时，新浪公司将公司结构称为"协议安排"。从此以后，我国公司开始逐渐采用可变利益实体结构，并利用此结构进行融资，赴海外上市。为何我国企业如此青睐可变利益实体结构，这与我国企业尤其是中小企业融资难、融资贵有密切关系，同时我国对外资准入门槛相对较高，对外资并购也采取了众多监管措施，这都使得我国企业越来越多地采用可变利益实体结构。

可变利益实体引入我国以后，概念有了新的变化。尤其是在互联网时代，高科技迅猛发展，企业更新换代特别快，这些新兴企业资金投入有限，但对资金需求量特别大，尤其是在成立初期，需要大量外部资金投入（常柏梵，2013；张连起，2016）。然而，国内资本市场对上市公司的要求比较多，门槛比较高，而且还有非常烦琐的审批流程。相对而言，部分发达国家资本市场对上市公司的门槛比较低，审批流程也不复杂。不过，为了维护国家安全和国家利益，我国法律法规对海外资金进入互联网、教育等行业都有较严格的条件，外资不得直接持有以上行业公司的股票，并参与公司决策。在此背景下，国内互联网高科技公司要赴海外上市融资就存在严重障碍，为此，国内企业就想利用可变利益实体，使外投资者能够在不持有公司股份的情况下达到控制的目的，并利用控制权获得经济利益。国内企业通过可变利益实体实现了海外上市，与外国投资者在我国成立企业，并通过契约安排，使得国内企业掌握经营权，而外国企业则通过可变利益实体来控制国内企业。

### 2.3.3　可变利益实体产生的动因

**1. 我国股票发行条件高，国内企业海外上市门槛高**

我国资本市场对公司上市条件的要求比较高，主要是为了维护资本市场的安全稳定，保障投资者的利益，尤其是我国主板上市公司。较高的门槛限制导致了众多企业无法在国内上市。虽然我国在 2009 年推出了创业板，相对主板而言，创业板的上市门槛有适当放宽，但是对众多互联网高科技公司而言，仍然难以实现。因此，众多中小企业就把目光盯向了海外资本市场。

海外资本市场也有上市条件，但相对于我国的上市条件而言要宽松得多，美国纽约证券交易所对公司上市的条件包括现金流量指标、关联公司指标、税前收入指标和纯评估值指标，而在这些指标中公司只要符合一个就可以赴纽约证券交易所上市。

**2. 规避对海外资本的限制和对外资收购的严格监管**

外商在我国境内的部分行业是不允许进行投资的，会受到严格监管，国家发展和改革委员会、商务部发布的《关于调整外商投资产业指导目录的通知》明确了互联网新闻行业和义务教育等行业禁止外资进入，这样规定的目的主要是为了维护国家安全。而且外资企业并购境内企业，假如外资企业是由国内企业控制或者成立的，那么这项并购须通过商务部审批同意。因此，为了规避对海外资本的限制，脱离境内对外资收购的严格监管，部分企业开始引入可变利益实体，让海外投资者在不持股的情形下达到控制企业的目的，获取经济利益，规避我国法规对外资收购的监管（许鹏鸿，2017；刘显福，2019）。

3. 规避对国内企业赴海外上市的监管

特殊目的实体要赴海外上市，须由商务部审批同意之后方可实施，而且其过程由商务部进行规范，申请企业需要向相关部门报送材料，材料通过审查后，由商务部作出批复。这无疑增加了国内企业赴海外上市的成本。自2006年9月8日《关于外国投资者并购境内企业的规定》施行之后，截至2023年，尚未有国内企业通过商务部的审查。

因此，国内企业尤其是特殊目的实体要想赴海外上市融资，传统的办法很难实现。可变利益实体在此背景下产生了，在新浪赴美上市后，陆续有百度、阿里巴巴等公司也完成了海外融资。

# 2.4 企业采用双重股权结构的理论基础

## 2.4.1 股东异质性理论

在股东同质性中，公司股东是同质整体，从而衍生出"一股一票"的表决权制度安排，将无差异的资本作为企业内部表决权乃至控制权配置的标准，这种理论以股东同质性为假定前提。公司股东持股数量和类别不一致，因此股东对公司发展的管理关注度也有差异，但是股东们对公司的利益、持股者的利益诉求、行使权利一直保持高度关注。以股东同质性为逻辑内核的同股同权制度在形式上客观公正，且作为主流股权制度在资本市场稳定实施多年，然而在现实中，当相关配套监管设置不够完善时，这种投票原则容易被大股东滥用。事实表明，即使在监管日益完善的资本市场，同股同权的投票原则也时常作为大股东压迫小股东的工具，以此压榨小股东的利益，因此，针对股东同质在现实中的应用应当有发展性的新考量。

而股东异质性理论认为，企业股东在某些关键权力上存在很大异质性。如企业中兼具所有者、管理者与控制者多重身份的企业创始人与外部股东存在显著的关键权力差异。创始人通常拥有所在企业的专有人力资本、连贯稳定的制定企业战略能力、符合企业文化的决策角度，等等。以上权力差异与企业引进外部股东投资的需求呈现矛盾：创始人股东在多轮融资后通常无法拥有股权的绝对优势，然而创始人与外部股东在投资目的、投资偏好以及企业文化战略认知方面存在巨大差异，此类客观情况极易导致创始人与外部股东之间，甚至外部股东之间的控制权争夺，从而影响企业发展。

从客观事实来看，基于现实角度的股东异质性现象，正在深刻影响企业表决权设计的思路。以股东异质性为事实基础而进行的表决权制度的更新，也许是对企业发展以及股东投资更有益处的创新。

## 2.4.2　人力资本理论

企业经济效益的增加要依赖科学技术的发展进步，因此企业必须增加人力资本。人力资本能够创造知识收入，这样才能给企业带来更强的生产力，企业管理者必须拥有较高的辨别能力，适度引进人才，这样才能获得更大的收益。人力资本能够提升企业的经济效益，关键是专业化的人才资本，因此企业要在保护现有人力资源的基础上再积极引进人才。

运用双重股权结构的企业，创始人或管理层的控制权得到了制度的保护，他们有了长远工作的预期和增加自身人力资本付出的动力，最终将有利于企业长远发展并获得稳定的投资回报。

尤其是在互联网等高科技公司，其生存和发展严重依赖于创始人的思想和战略决策，从这个意义上来说，创始人作为人力资本对于公司来说极其重要。以苹果公司为例，乔布斯在 1985 年离开苹果公司之后，公司的发展并没有起色，且业绩持续下滑。相反，1997 年乔布斯重掌苹果公司之后，进行了一系列改革，苹果公司才有了今天的成绩，可见创始人对公司长期稳定的发展具有不可替代的作用。站在人力资本理论的角度，双重股权结构能够保障创始人这种特殊资本长期留守在公司，公司的发展能够按照创始人的设想稳步推进，从而实现公司的可持续发展。

### 2.4.3 声誉理论

基于麦克利兰成就需求理论，企业家必须要有良好的声誉才能为企业创造更大的价值，该理论认为每一个企业家都在追求高成就，再结合马斯洛的需要层次理论进行分析，认为每一个企业家都在追求尊重，以及实现自我价值的路上。佛目布朗和瑞尔（Fombrun and Riel，1997）认为企业家的声誉影响着企业的声誉，然而好的声誉会给企业带来附加价值。一方面，声誉和价值是息息相关的，并且是一个良性循环过程，企业赢得了消费者的口碑，知名度大大提升，企业从此受益，利益相关者会得到更多的资本和财务价值；另一方面，企业的业绩是考核企业一段时间是否付出努力的标准，倘若企业缺乏主动性、企业形象被破坏，疏远利益相关者，随之企业的业绩也会相应下滑。声誉也是企业的无形财富，当前我国正处于技术驱动创新时期，声誉机制的出现具有现实意义。

双重股权结构能够维护创始人的控制权，在声誉机制的影响下，创始人能够为企业带来附加价值，同时受到市场竞争的驱动，创始人会不断地提高企业的竞争力，实现企业价值的长期提升，保护投资者的利益。企业创始人有自己的经验理念和敏锐的观察力，创始人精神铸就了企业的文化，潜移默化地影响企业员工，带领员工坚定地沿着正确道路义无反顾地走下去，回顾自己的成功之路，其必然产生强烈的责任感和成就感。由创始人来阐述他们的创业历程，或是经营理念，更能获得消费者的认可，也更能吸引人才，能够获得比激励制度更能激发人才的潜力。研究表明，良好的企业声誉能够给企业带来更多的利益，对企业利益相关者产生积极影响。企业声誉能够吸引大量的投资者以及其他股东的支持，因此使企业在行业竞争中处于优势地位。企业只有打造良好的声誉，才能为企业争取更多的机会，打造良好的声誉需要企业长期的努力，没有捷径可言。这种特性使得其他竞争对手难以模仿，良好的声誉已经成为企业竞争优势之一。

# 2.5　本 章 小 结

通过对相关文献的梳理总结，本书发现国内外学者在双重股权结构和中小股东权益保护方面对公司治理的研究非常丰富。总体上，国外对双重股权结构的研究起步早，形成了一整套完整体系。我国对双重股权结构的研究起步晚，由于我国现行《公司法》尚未引入双重股权结构，因此国内缺少对双重股权结构的实证研究，规范研究也相对较少。主要是在国外研究成果的基础上进行拓展，基于我国国情，分析我国公司的共性特征以及普遍存在的问题，并在此基础上，梳理我国公司中股权结构和引入双重股权结构的经济后果之间的关系。

目前，国内对双重股权结构的研究主要集中在大股东行为、中小股东权益保护和股权制衡等方面。已有文献基本默认大股东拥有实际控制权，从控股权和实际控制权分离的角度入手，分析由于二者分离产生的控制权争夺的缘由和经济后果。这些研究，摒弃了控股权和实际控制权统一的研究视角。在股权结构、中小股东权益与经济后果相互关系的研究中，已有文献主要采用大样本统计的方法，然而，大样本统计的方法不太适用于新兴公司，因为众多新兴公司还处在发展成长阶段，仍未上市，数据还处于非公开状态，学者很难获取相关数据。

近年来在公司治理领域，我国众多学者对引入了双重股权结构的公司开展了案例研究，例如，阿里巴巴的合伙人制度、京东的双重股权结构、小米赴港上市等。但目前尚未对双重股权结构的制度设计与风险防范进行统一的规范，学界也鲜少研究双重股权结构对公司治理带来的经济后果。本书围绕引入双重股权结构的制度设计和风险防范问题，按照引入双重股权结构的"必要性和可行性—制度设计和风险防范—投资者权益保护"的思路进行研究：从可变利益实体视角，结合国外双重股权结构发展经验，归纳整理我国引入双重股权结构的重要价值和可行性；针对中国资本市场改革的背景下，对股权结构的发展历程进行梳理从而分析引入双重股权结构的必要性；并在此基础上，分析引入双重股权结构的制度设计、风险预警和防范措施。

# 第3章

# 我国引入双重股权结构的必要性

我国证券市场成立之初，因为经验不足，制度设计存在缺陷，政策配套不完善，导致了上市公司的股权结构设计不合理。流通股和非流通股长期在我国资本市场中存在，而且国有股比重特别大，股权集中度高。这种股权结构导致了上市公司的一股独大现象，人为制造了"内部人控制"问题，资源分配严重不均。在此背景下，为改善我国上市公司股权结构过于集中的情形。2005年4月，在中国证监会的主导下股权分置改革试点工作拉开序幕，开始对流通股和非流通股的股份转让制度性差异重新设计。2006年底，我国股权分置改革的进程结束。依照《上市公司股权分置改革管理办法》的规定，2006年6月，部分非流通股开始解禁，进入二级市场流通，至2011年，绝大部分原非流通股解禁，至此，我国上市公司股票进入全流通时代。

股权分置改革历经 年多时间，完成之后，解禁非流通股开始大量涌入二级市场，境外投资者不断涌入我国资本市场，加上机构投资者的不断成熟，越来越多的上市公司的股权结构逐渐发生变化（张亦春和孙君明，2009）。截至2023年，我国上市公司股权仍然比较集中，还存在"一股独大"问题。我国资本市场成立之初，资本市场中的上市公司大部分为国有企业改制而来，国家绝对控股或相对控股是其最主要特征，2023年，国有股占总股本比重仍然超过了40%，假如将法人股中的国有股考虑进来，那么国有股权重会进一步提升。国有股绝对控股或相对控股的局面使得政府拥有绝对控制权，公司的董事会和监事会被国有股把持，个人股东很难进入董事会等决策部门（Martin，2005；李善民和王彩萍，2002）。况且，上市公司的股权如果过于集中，因为控股股东拥有公司的绝对控制权，其他中小股东的提议根本影响不了控股股东的决策，实质上形成了对中小股东的利益侵害。伴随着公司的控股股东与非控股股东的利益之争，公司的利益相关者之间利益冲突加剧，代理问题更加严重。与此同时，在公司的股权集中度高的情形下，大股东拥有对公司的实际控制权，可以否决中小股东的提议，侵害中小股东利益。随着大股东与小股东之间的利益之争，代理问题日趋严重。同时，在股权过于集中的上市公司中，存在大股东为谋取私利通过操纵盈余、占用公司财产等手段进行"隧道挖掘"的行为，导致了中小股东利益受损，不利于维护上市公司的良好信誉，对公司的信誉造成冲击，影响了公司的良好运行状态，动摇了公司投资者的信心，对我国资本市场的可持续发展产生冲击。

而一旦公司的股权结构过度分散，就很容易导致股东的"搭便车"行为。因为上市公司基本都实行了职业经理人制度，而在公司中，依靠内部监督难以约束此类行为，而且内部监督不具有排他性，因此，内部监督实质上属于公共物品。由于公司的业绩主要取决于控股股东及创始人的勤勉尽责，与中小股东关系不大，所以，公司的中小股东不愿为公司"消费"的监督成本买单。不支付相应成本，致使中小股东对公司的监督越来越被弱化，所以，在公司业绩较差的情况下，中小股东缺乏激励对公司的管理层进行监督（薄仙慧和吴联生，2009；刘星、付强和郝颖，2015）。

股权集中度不是越大越好，也不是越小越好，相对集中被众多学者认为是最佳选择。股权适度集中一方面能防止大股东过度占有信息谋取私利的行为，另一方面能激励股东去监督管理层。公司的业绩好或者坏跟公司的股东利益有很大联系，大股东因其有公司的多数表决权，因此，有能力对其决策行为是否合适作出判断，对公司管理层实施监督，缓解中小股东的"搭便车"行为，缓解了利益相关者之间的利益冲突，降低了代理成本（魏明海、程敏英和郑国坚，2011）。我国现行《公司法》仍然坚持"一股一权"原则，所以国内文献对引入双重股权结构制度设计的研究较少。不过现有文献对控制权和现金流权分离的保障机制研究相当丰富，吕长江和肖成民（2007）提出要遏制控股股东的"隧道挖掘"行为，务必要提升投资者的法律意识，加强投资者保护的相关法规建设。引入双重股权结构后要完善公司信息披露制度，对上市公司的信息披露加强监管，切实保障投资者的利益。建设适度集中的股权结构体系，有效改善我国企业的股权结构过于集中的情况，促进资本市场发展，优化资源配置。因此，适时引入双重股权结构能有效促进我国上市公司治理水平，提升上市公司质量，为经济高质量发展提供制度支持。尝试引入双重股权结构具有很强的必要性。

我国境内 A 股市场不允许引入双重股权结构，因此自 2014 年起，许多互联网科技公司纷纷选择在美国等西方发达国家资本市场上市，导致国内投资者错失高新技术企业快速发展带来的红利。直至 2018 年 4 月，港交所允许双重股权结构公司上市，随后小米公司在中国香港融资。为此，国内学术界对是否应该引入双重股权结构展开了激烈讨论，赞成者认为引入双重股权结构既能保障创始人的理念得到贯彻，有利于公司的可持续发展，同时也能让资本市场参与者享受公司发展的红利；批评者认为引入双重股权结构会导致控股股东的"隧道挖掘"行为更严重，不利于中小股东权益保护。综上所述，现有文献对双重股权结构的研究主要采用定性分析方法，研究内容集中在引入双重股权结构的利和弊、得与失，以及对我国境内引入双重股权结构的展望，个别研究通过案例分析的方法研究了双重股权结构引入的经济后果。

# 3.1 双重股权结构的主要特征

## 3.1.1 财产权与控制权的分离

依据我国现行《公司法》规定，股东权利涵盖了财产权与非财产权两种权利。财产权利主要包括公司盈余分配的请求权、公司破产剩余财产分配的请求权。非财产权利主要包括参与公司决策的表决权、知情权以及诉讼权等。

公司实现盈利之后依据股东拥有的股份比例向股东分配盈余，从而满足股东的财产性权利；同时，公司的公众股东根据非财产权利参与公司的经营决策管理。

双重股权结构的首要特征是公司的财产权与控制权的分离。公司引入双重股权结构以后，公司股票被切割为低表决权股票和高表决权股票，我们将低表决权股票称为A类股，高表决权股票称为B类股。通常情况下，B类股与A类股的表决权数量相差很多倍，B类股表决权一般是A类股表决权的1~10倍。而A类股通常享有一股一票甚至没有表决权。作为对A类股低表决权的补偿，发行人通常会给予A类股股东较高的分红比例，从而吸引投资者投资，而B类股则不同，股利通常较低，投资者选择B类股一般是为了获取控制权。因此，这就出现了财产权与控制权不再关联、相互分离的情况，这是发行人自发决定的，还可以协议约定具体的分配比例。

通过财产权与控制权分离适当地让股权集中，从而有利于高效率决策的施行。但与此同时，掌握B类股的创始人团队因为持股比例较小，苦心经营公司的付出与所获得的收益不对等、不平衡，这将可能导致B类股股东在做决策时，利用自身表决权的优势，按照自身利益最大化做决策，从而损害了公司的整体利益。这就与持有 A 类股的外部投资者之间产生了利益冲突，长期如此就会损害公司的整体利益。所以在实行双重股权结构的公司内，最需要关注的是超级表决权股东与普通股东在特定交易、特定情况下的利益冲突。

## 3.1.2　同股不同权

双重股权制度构架下，上市公司股东同股不同权，表现在两类股东在公司的决策权与分配权上的不平等，还表现在证券市场上两类股票的流通性的差异。在表决权方面，公司发行的股票被分割成高（superior）、低（inferior）两种表决权。

高表决权的股票可以一股数票，即超级表决权，每股享有 N 票的表决权（美国上市公司通常 N＝10），主要由公司创始人或者公司的主要高级管理者持有。低表决权股票的表决权只有高表决权股票的 10%，甚至更低，有的只有 1%，通常是一股一票，也有部分公司发行了没有表决权的股票，主要是公众股东或中小股东持有。

2004 年，引入了双重股权结构的谷歌公司成功上市，其发行的 B 类股票每股含有 10 份表决权，而其发行的 A 类股票每股只有 1 份表决权。其创始人全部持有 B 类股票，包括埃里克·施密特、谢尔盖·布林和拉里·佩奇，三人合计持有公司 66% 的表决权。中国证监会和上海证券交易所于 2019 年针对科创板上市公司的 B 类股股东提出，在表决权权重方面，每份特别表决权股份的表决权数量应该等同，而且其含有的表决权数量不能超过普通股份表决权的 10 倍。

为保证双重股权结构下公司决策权的稳定性，要求创始人或管理层对 B 类股的稳定持有，因此，A、B 两类股票在流通性上有不同的要求。通常 A 类股可以在公开的股票市场上自由买卖；B 类股掌握在公司管理层手中，不能直接在市场上流通和进行买卖。B 类股不准或者规定在一定年限（一般为 3 年）后才可以转成 A 类股票，出现在证券市场上自由交易，而

A 类股在任何情况下均不可以转换为 B 类股，所以 B 类股的流通性比较差。

### 3.1.3 集中控制权

公司创始人为何会对双重股权结构青睐有加？最根本的原因一方面在于双重股权结构可以帮助公司筹集资金；另一方面又能满足公司创始人的控制权不被稀释，牢牢将控制权掌握在自己手中。公司发展需要资金，资金是否充裕对公司生存和发展都至关重要，所以公司上市融资解决了公司资金需求问题。但是公司上市融资必将增加公司的资本规模，扩大了其所有者权益，原股东所持股份也将被稀释。对于部分原股东持股份额不高的公司，上市后原股东很可能因此丢失控制权。因此，如果原股东想继续保持控制权就必须限制融资规模，但这种状态可能使得公司融资不足，公司的资金需求得不到满足。随着公司发展，筹资活动让外来资金注入，管理层的股权被稀释，需要让渡表决权从而导致表决权下降。由此带来的矛盾就是，一方面公司有很强的融资需求，另一方面管理层不想股权被稀释后丧失控制权。而设计了不同层别表决权的双重股权结构可以很好地解决这一矛盾。超级表决权保障了管理层对公司的实际控制权，即使在公司运营中稀释他们的股权，也不会稀释到他们控制公司的具有超级表决权的股份。这就有效地保证了创始人拥有对公司的绝对控制权，能决定未来发展方向、长期的经营方针及合并、收购等决定公司命运的重大事项（Skog，2004）。

例如，2005 年百度公司远赴美国融资，在纳斯达克证券交易所上市，引入了双重股权结构。当年百度公司的招股说明书显示，谷歌持股 2.6%、德丰杰持股 28.1%、美国国际数据集团（IDG）持股 4.9%、明德投资（Integrity Partners）持股 11%，半岛资本基金（Peninsula Capital Fund）持股 10.1%；创始人李彦宏兼任公司的执行总裁，其持有百度公司股权的25.8%，另一位创始人徐勇持股 8.2%，其他 4 位高管总共持股 3.7%，

普通员工持股 5.5%。通过以上数据发现，李彦宏和徐勇两位创始人共持
股 34%，均为 B 类股，由于一股享有 10 倍的表决权，因此，他们牢牢掌
握了百度公司的控制权，从而保证公司上市后仍能贯彻创始人的理念和意
图。据 2021 年 3 月 9 日港交所文件，在持股方面，百度公司创始人李彦
宏持股 457491280 股，约占公司总股数的 17%，相比上市之前下降了
8.8%，但表决权却占整个公司的 57%，因此，公司的控制权仍保留在创
始人手中。

　　但需要注意的是，引入双重股权结构之后，一旦公司重要决策的表决
权掌握在少数股东或高管手中，其行为决策承担责任较轻，很可能形成公
司的"内部人控制"问题，导致公司在治理上的专制。

## 3.1.4　通过契约方式获得控制权

　　相比较于"一股一权"的股权结构，双重股权结构最重要的特征就是
利用契约方式对公司控制权进行配置，这种方式有别于法定形式。一般而
言，股东获取控制权的形式可以分为两类：一类是通过投入更多资本即资
本多数达到控制的目的。在传统"一股一权"的公司中，要取得公司控制
权，通常只能以这种方式。因为在"一股一权"的股权结构安排下，每一
份股票代表相等的表决权和财产权，股东对公司的控制程度取决于所持股
票数量，股东要取得公司控制权，必须持有大部分股份。这种取得控制权
的途径是一种法定方式，不需要股东相互间进行股权配置的协商。

　　另外一类是股东之间根据资源原则通过合同分配控制权。公司引入双
重股权结构以后，公司的表决权和财产权是分开的，表决权不是以股权为
分配标准。因此，股东可以在合同的基础上，对股权内容分别作出调整。
处于谈判优势地位的股东，可能折价其持有的股份，以此为代价在合同中
加入保留和收购条款（通常以上市公司首次公开发行的章程或招股说明书
的形式），以掌控公司重大事项决策的权力（Wasserman，2006）。这种公
司控制权是内部配置的。关于获得合同内控制，应提出以下要点：第一，

关于合同细节。股东之间可以达成协议，具体形式包括：（1）订立合同；（2）当事人应当设定格式设置条件，客户无权修改或者协商价格以外的任何条款；（3）合同文本应根据市场情况确定、接受或放弃；（4）如果当事人遇到协商问题，采用该条款，本条款体现为法院和立法机构的介入。上述第（3）款规定了引入双重股权结构的上市公司一般与公众股东进行沟通并达成协议的方式。考虑到几个因素，上市公司决定发行价格，公众投资者可以决定购买或不购买公司发行的股票。第二，关于影响谈判的因素。公司引入双重股权结构主要受下列因素影响：（1）股东份额；（2）以创始人为核心的能力、声誉、影响力和管理人员的重要性。这些因素是双方接受带有表决权争议条款的合同的一个条件。第三，双重股权结构适用范围。由于引入双重股权结构主要是为保护创始人的控制权，所以适用采取双重股权结构的公司所有权结构不是过于集中或过于分散，因为，如果少数股东已经控制了公司，是否引入双重股权结构并不重要。从业务发展阶段看，双重股权结构普遍适用于互联网等高成长性创新型企业。其原因有以下几点：（1）这些公司的创始人与其他资本提供者之间的控制权博弈激烈，为了公司的稳定发展，维持控制权尤为重要；（2）与其他类型的公司相比，高成长创新型公司的高回报能够缓解其他投资者对引入双重股权结构风险的担忧。

### 3.1.5  多层级股票形式的设置

与其他股权结构相比，双重股权结构的最主要区别之一是设立多层级股票，通过招股说明书或者公司章程加以明确。与单一的"一股一权"股权制度不同，双重股权结构允许创建不同类型的股份，对股东所持有的股份可决定采取差别化措施，具体包括保护投票权、分红权、优先权等。一般来说，公司设置的股份类型和每股的具体权限不加约束，由股东协商确定。然而，在某些国家或在某些情况下，股份类型的组合可能受该国或区域立法的约束。例如，法国立法只允许上市公司拥有高表决权的股票分配每股含有两份表决权，其他类型的股东协议都将被禁止。

### 3.1.6　双重股权结构的行业适用性

自公司成立，任何时间公司对资金的需求都非常强烈，在"现金为王"的时代，资金短缺大大限制了公司的发展，甚至影响了公司的生存。此时，引入双重股权结构，既能保障创始人的控制权，又能缓解公司的融资约束，丰富了投资者的投资机会，有利于资本市场的健康发展。但是，双重股权结构并非"放之四海而皆准"的"灵丹妙药"，一方面，双重股权结构可能加剧公司的代理成本，不利于中小股东权益保护；另一方面，双重股权结构可能会导致市场监督机制失灵。基于此，引入双重股权结构务必谨慎，就当前的研究结果来看，双重股权结构主要适合互联网、成长快的创新型公司（彭真明和曹晓酿，2016）。其原因是这些新兴公司大多都处于发展初期，资金需求巨大，而且这类公司成长特别快，要想长期在行业中立足，必须掌握行业"话语权"，因此对上市融资的需求极其迫切。另外，我们注意到，这些公司的创始人资金量有限，一旦上市融资很可能导致其丢失控制权，所以引入双重股权结构是其最佳选择。

## 3.2　双重股权结构的主要功能

当前，我国现行《公司法》尚未对双重股权结构开放，结合我国资本市场的发展现状，我国对双重股权结构的引入仍处于探索阶段。但是，在西方发达国家，双重股权结构已被证实是一种高效的创新股权结构制度。为了顺应经济社会的发展需求，适时引入双重股权结构尤为迫切，相比"一股一权"的股权结构，双重股权结构有其所不具备的独特优势，这一制度的运用缓解了我国众多企业长久存在的现实性困难。具体来说，双重股权结构的主要功能有以下几个方面。

### 3.2.1 缓解了控制权和公司融资的矛盾

企业的发展需要大量的资金，对于许多轻资产企业而言，因为缺少必要的抵押品，股权融资成了他们重要的融资方式，但在"一股一权"的股权结构下，创始人和高级管理者的股权很容易被稀释，致使其丢失控制权，然后更换公司决策层，创始人失去决策权。

尽管金字塔股权结构、交叉股权和表决权委托等方式在一定程度上也能保障创始人的实际控制权，但是在这样的情况下，管理层股权的集中也带来了风险的集中，而风险所带来的收益却由所有股东享有，由此则降低了管理层掌握控制权的意愿。

而双重股权结构的引入解决了这一问题，筹资风险不再由控制人全部承担，而是在全体股东间公平分配。尤其是对于互联网科技创新型公司而言，尽管公司的创始人有很好的发展思路和创意，但其资金有限，限制了创始人创意的落地和实施。但公司上市后，伴随着融资规模的扩大，创始人的股权不断被稀释。而双重股权结构的引入可以降低创始人控制权丢失的风险，缓解了融资与控制权之间的矛盾，在双重股权结构制度下，特殊决策权只在管理层内部发行，保证了创始人和高级管理层对公司的实际控制权。并且，在创始人的控制权比较稳定时，通常创始人团队不会采取急功近利的行为，不会因此而盲目提高股票价格，这为创始人团队提高决策效益、促进公司长期规划目标的实现提供了稳定的资本环境，同时也保护了股东的权益（李四海和周泳彤，2016）。

此外，由于双重股权公司在市场上公开发行的是普通表决权股票，企业权力很难被收购，所以能够有效地避免其他公司的恶意收购。

### 3.2.2 满足了股东异质化需求

每个股东都有自己的投资目的和利益期望，对于自己手中的股票要如何去利用，每个股东都有自己的期望，创始人是希望通过拥有股票而享有表决权，在关乎公司长远利益和未来发展的决策中能够掌握决策权。而中小股东的需求是希望自己手中的股票价值能够增长，获得较高的红利，或者在股价增值之后抛售，对于公司的运营与长足发展并未真正重视。敌对公司持有公司股票，是抱有收购的目的，他们在意的也只是自己所拥有的股票数量能否达到控制公司的结果。

然而在同股同权制度下，很难同时实现股东的各种需求，中小股东占有大量表决权，但是他们对大部分所表决的事项并不关心，投票流于形式，导致资源浪费和公司治理低效，而创始人尽管致力于公司的长远发展，但在关乎公司的各项决策中却没有优势决策权。所以同股同权制度只是在形式上体现了股权平等，股东的异质化需求并不能得到很好的满足。

而且在创始人未对公司实现完全的控制之前，为了防止恶意收购，创始人团队可能会提出一些看起来非常有前景的投资计划，误导收购方以为公司的发展正处于良好的进程当中。而这些"面子工程"则很有可能导致公司整体投资效率的降低（Aghion，1997）。

所以双重股权结构的出现，可以避免管理层为迎合公众投资者而作出的错误决策，作出真正高质量有效率的决策。同时可以将普通股东没有有效行使的表决权聚集在一起，让拥有高表决权股票的创始人在有关公司的各项重要问题上拥有优先决策权，而 A 类股股东的收益并无减少。双重股权结构提高了决策效率的同时，也满足了股东多方面的投资需要。

### 3.2.3 发挥人力资本的优势

在目前的社会发展中，物质资本不再是影响企业发展的关键，人力资本在企业中发挥着越来越重要的作用。创始人往往对企业怀着一种归属感和责任感，这种情怀往往使他们更加关注企业的发展，而不是他们自身的利益；也使他们更加关注企业的长期发展，而不是短期利益。

从创业之初，创始人团队就为公司贡献了大量的精力和智慧，这些就形成了企业所特有的人力资本，是企业的原始财富，也是企业的一种无形资产。但是这种人力资源却极不稳定，和物资资本比起来具有很强的易逝性，同股同权制度下很难保证创始人对企业的控制权。

而双重股权结构则很好地解决了这个问题，发挥了人力资本的优势，使创始人能够更好地发挥自身的作用，促进企业长期发展战略的实施，发扬企业文化，促进企业的长远发展（Lehn，1990）。

公司的创始人是最核心的人力资本资源，创始人掌握的核心技术或经营理念是公司生存和发展的灵魂，并将其注入公司中实现自身梦想，因此，创始人对所创建的企业投入了大量心血的同时也具有很深的情感，倾其全力经营公司，在经营过程中，创始人掌握了公司经营知识，并具备长远发展的战略眼光，能深刻认识所处的行业和环境，能准确把握公司战略定位和发展思路，公司的成功与创始人的辛苦努力是分不开的，正因为如此，创始人作为公司的战略决策者和经营管理者，公司的生存和发展才有了保障，这也是创始人和高级管理者热情饱满努力经营公司的原因所在。为了打理好公司，创始人会不断提升自己的管理能力，因为创始人预期自己与公司能建立长期的雇佣关系或合作关系从而获取人力资本回报。而采用双重股权结构尤其符合创始人的需求，因为双重股权结构为创始人提供了掌握公司控制权的有效方式，促使创始人能够安心经营公司，不必担心控制权的丢失，无形中实现了公司人力资源供需的高度匹配。而当管理层拥有了与带有公司属性的专业知识和技能后，其对公司来说人力资本的价值会得到提升，管理层专属于本公司的"专业技能与知识"使得其对公司运作的指导和决策比他人更符合本公司的实际情况，让公司的运行更富效率。另外，专属人力资本的建立无疑减少了更换管理层产生的适应性成本。因而双重股权结构为公司节约了隐形的人力成本。换言之，双重股权结构弱化了人与资本的结合度，突出了管理人员的能力与判断对现代公司发展的重要性。

尤其是在互联网公司中，公司发展优势和核心在于知识和技术，与传统的公司治理模式不同，互联网公司发展的关键就在于这些人力资本，这些人力资本通常是掌握着知识和高端技术的公司创始人团队，不对他们的控制权进行保护，那么公司的发展核心就会丧失，很难继续形成技术上的优势和效用，公司也将很难持续发展。

### 3.2.4　有利于企业创始人掌握控制权，规避敌意收购风险

当企业发展到一定程度并且想要继续发展时，就需要通过大规模的融资筹资活动，获取资金支持企业扩张。我国实行的是社会主义市场经济，在公平自由的市场中，公司融资有多种方式，如企业债券、股票、银行信贷等，而发行股票相较于向金融机构（银行）进行融资来说其融资成本更低。

对于"一股一权"的股权结构而言，每份股票都具有相同的表决权。创始人股东要想在融资增股过程中，同时继续掌握公司的经营决策权，对公司绝对控制，就必须获得公司股份50%以上的份额，从而实现绝对控制的目的，成为控股股东。这就意味着，创始人需要用大量资金同比例购买股份。问题一是创始人可能缺乏足够的流动资金，二是要承担股权高度集中带来的风险。将大量人力和资金都投入公司的经营管理中，万一经营失败，创始人要承受巨大损失，经营成功则要同所有投资者股东共同平分利益。因此，重重顾虑让公司创始人不敢轻易上市融资。

相比单一股权结构中股权稀释后控制权被分散，双重股权结构的优势就体现在募集资金和分散投资风险的同时，让创始人掌握控制权。鲍维西（Bauguess，2012）将单一股权的公司作为一组，将采用双重股权结构的公司作为另一组，通过对比分析，得出引入双重股权结构的公司能够赋予创始人或高级管理者更高的表决权，从而实现对公司的控制。一旦其拥有绝对控制权之后，就不必再为可能丢失控制权而分心。公司拥有高度集中的所有权还可以降低被敌意收购的风险。

敌意收购又称恶意收购（hostile takeover），是指在并购市场中，收购公司在没有得到目标公司董事会的批准，不论目标公司的管理层是否认可

的情况下强制执行的并购行为。通常在并购之前收购方会在较为集中的一段时间通过大量收购目标公司的股份，顺利实现其绝对控股地位，获取公司的绝对控制权。但是，在双重股权结构下由于财产权与控制权分离，创始人和高级管理者持有其足够份额高表决权股票，公司的控制权掌握在他们手中，同时 B 类股票的表决权是 A 类股票表决权的好几倍。即使收购公司在证券市场上大量收购目标公司股票，收购公司内部其他普通股东所持有的股份，最后所持股份比例达到50% 以上，也不能获得公司控制权的相应表决权，无法干预创始人或高级管理者的决策。所以，敌意收购较少发生在引入双重股权结构的公司，即使完成收购，收购方也无法真正控制公司，只能为收购公司获得经济收益，不能达到收购目标公司的目的。

综上所述，在资本市场中，恶意收购是较为常见的现象，在我国证券市场中广受关注。我国的第一例恶意收购案例是宝安集团对延中实业的并购，后来陆续发生了多起，如大港油田并购爱使股份、中信证券收购广发证券、新奥集团与中国石化举牌中国燃气、宝能系对万科发起并购、宝能系对南玻的举牌、再到宝能系希望对格力空调完成并购，以上事件引起了社会的广泛关注，同时对资本市场产生了很大冲击，可见恶意收购的威力巨大，如宝能系对南玻的收购直接导致了南玻原高管全体离职，这也导致南玻这个经营了 30 多年的老品牌遭受了重大冲击，对公司的发展产生巨大震荡。此外众多恶意收购方都通过杠杆获取了资金，这直接导致了收购风险的加大，产生了巨大金融风险，此外，收购一旦失败，对收购公司的利益将会产生重大损害，进而不利于我国资本市场的稳定和发展，不利于资本市场利益相关者的权益保护。所以防止恶意收购对资本市场参与者的权益保护，对资本市场的稳定都极其重要。

采用双重股权结构能有效防止恶意收购，这已经得到学术界和实务界的普遍认同，其理论基础就是要双方意见统一，也就是说并购行为不仅需要得到收购方的认可，更需要得到被收购方创始人及管理层的认可，而恶意收购是在被收购方创始人和管理层不知情、不欢迎的状态下完成的，通过在二级市场大量收购公司在外的散股完成，或者协议收购其他股东持有的股票通过增持完成，前提都是被收购方创始人和管理层不知情、不同意，收购公司的每一次举牌都意味着其对被收购公司股份的增持，一旦其持有股份达到一定规模就实际控制了被收购公司，便开始对被收购公司的董事会和管理层进行重组。因此，在实行"一股一权"的公司中，股权越分散，被恶意收购的风险越大。因为在遭遇恶意收购时，分散的股权很难达成一致意见，恶意收购方正好利用这一点达成其目的。但在实行双重股权结构的公司，创始人和高级管理者持有高表决权股票，牢牢掌握了公司的控制权，即使在外的股票再分散也不会影响其控制权，恶意收购方不可能通过收购散股完成对公司的恶意收购（Tinaikar，2014；许萍和郭榕倩，2019）。这使得"野蛮人"（即恶意收购方）无法仅通过收购公司股票来获得对公司表决权的集中，切实降低了恶意收购案例的发生。此外，公司的实际控制人还可以通过其优势地位与恶意收购方谈判，一是可以争取更多时间；二是可以利用优势地位实行反收购；三是可以提高要价，为创始人和股东争取更多利益，或者直接斩断"野蛮人"的意图，因此，双重股权结构被认为是有效防止恶意收购的股权结构。

## 3.2.5　有利于企业专注于长期发展，实现利益最大化

实现股东财富最大化，保护投资者利益，是在公司所有权与经营管理权分离背景下公司治理的最终目标（李维安，2002）。双重股权结构由于其高低表决权的特殊设置，更适用于创始人资金有限无法持有大量股份，但创始人掌握控制权又能够为公司创造很大利益的情况（DeAngelo，2007）。双重股权结构保证了企业创始人掌握的控制权，在降低了因控制权流动而被敌意收购和拉下马的风险之后，企业创始人就可以专注于贯彻企业长期的经营方针，投入更多经营成本。一方面，企业创始人或管理层可以充分利用自己的专业知识、才能和经验，确定公司的发展理念，指出公司适于发展的方向和领域，并制定与之相符的经营策略；另一方面，企业与员工之间保持长期协作关系，深入了解员工所长，形成良好的企业文

化，并激励人才更好地为公司服务。企业的长期发展离不开高素质的管理人才和技术人员，高素质员工有利于实现多方利益最大化。

以阿里巴巴引入双重股权结构为例，对于互联网科技公司而言，知识与技术是公司最重要的资源，是公司发展的核心要素（李维安，2014）。因此，企业为确保长盛不衰，就需要在科技手段、人才、商业创意策划等方面稳定发展。而拥有知识和技术的创始人或管理层是否掌握企业决策权是企业能否长期发展的关键，如果这部分高级管理人才无法发挥效用，企业决策可能会朝着错误的方向进行。

最典型的案例便是苹果公司创始人乔布斯的股权之路。在苹果刚成立时，公司实行的是"一股一权"的股权结构，并没有引入双重股权结构，创始人按持有股票数量分享表决权，具体为乔布斯占45%、蒂夫·沃兹尼亚克占45%、罗恩·韦恩占10%。后来马库拉等人向苹果注入大量投资，乔布斯的股权被不断稀释，在苹果上市前仅占15%的股权，但是由于他自身相当出色的IT技术以及商业才能，才使他暂时保持住了对苹果的控制权。之后苹果公司管理层出现内斗问题，业绩惨淡，没有足够表决权的乔布斯辞去了首席执行官的职务。之后苹果经历连续5个季度的亏损与乔布斯的辞职不无关系，后来因为乔布斯重新掌权后才将苹果公司送上了科技创新的巅峰。

综上所述，公司的创始人和高级管理者为了防止控制权被夺走，让公司可以按照创始人的理念长期稳定发展，引入双重股权结构是其最佳选择。相比"一股一权"制度，双重股权结构制度更有利于实现和保护创始人掌握企业控制权，鼓励创始人倾注专用人力资本，保护和延续企业文化和核心价值观，这也是世界百年企业、家族企业和互联网新兴企业等倾向于引入双重股权结构的最主要原因（魏良益，2019）。

### 3.2.6 有利于完善资本市场，提高经济效益，增强投资者信心

我国资本市场制度建设相对滞后，股权结构体制供应不足，国内许多潜力企业，如百度、京东等互联网新兴企业，因引入双重股权结构无法在

我国资本市场挂牌交易而选择在海外上市。2013 年，采用了同股不同权的"合伙人制度"的阿里巴巴集团希望赴中国香港上市，但因为港交所不认可合伙人制度，不允许引入双重股权结构的公司上市融资，拒绝接收阿里巴巴集团的申请，随后，阿里巴巴前往美国上市。面临类似问题的还有百度和京东等，都引入了双重股权结构，也都选择了海外上市融资。导致的结果是我国优秀的公司由于引入双重股权结构留不下来，远赴海外上市融资，同样，国外优秀的公司由于引入了双重股权结构，也进不来，这种状况不利于我国资本市场与国际接轨，不利于我国国际资本市场的建设。我国资本市场丢失了大量优质公司，也导致国内投资者无法分享这些优质公司发展的红利（谢会丽和何鑫，2017）。中国企业现在逐步走出国门，融入国际市场，这样虽然可以让国外投资者分享我国优质企业发展成果，但由于国外对信息披露的制度，将我国重要的经济数据泄露出去，对我国经济安全不利。2021 年 7 月 10 日，国家网信办发文，要求国内公司拥有100 万用户以上个人信息的，其要赴海外上市必须经过相关部门审查。因此，有必要对我国资本市场进行改革，双重股权结构的引入会增强我国资本市场的国际竞争力，影响我国经济发展质量（商鹏，2016）。而我国在引入双重股权结构后，应做到扬长避短，利用双重股权结构的优势，能够增强我国上市公司的治理能力，在制度设计层面有效规避双重股权结构弊端的前提下，还能够增强投资者对我国资本市场发展的信心，有利于我国市场经济平稳健康发展。

## 3.3　我国引入双重股权结构制度的现实需要

### 3.3.1　改善我国股权不合理状况的需要

"一股独大"现象在我国资本市场中长期存在，通常是指公司的股本结构中，某个股东持股数量占绝大多数，能够绝对控制公司。包括占据51%以上的绝对控股份额；如果某股东不能绝对控制公司，但相对其他股东而言持股数较高，然而，其他股东持股特别分散，不容易进行联合，在这种情形下，该股东仍可能对公司实施控制（朱武祥，2002）。

新中国成立初期，逐步走上了社会主义计划经济体制的轨道，将生产资料公有化和国有化，形成了大量的国营和集体企业。20世纪70年代我国开始实施大规模的经济体制改革，为我国资本市场的建立奠定了基础，之后部分国营企业通过改制上市募集资金，城市经济体制改革、政府机关的机构体制改革以及投融资体制改革全都围绕国营大中型企业陆续推进。到了20世纪90年代，我国开始建立起资本市场，但是当时证券市场规模还相对较小，公司上市审批制度不健全，对上市公司的监管政策也存在缺陷，资本市场的整体制度设计不完善，导致上市公司的股权结构不合理，股权高度集中，而且相比国外资本市场而言，国有股比重过大，而且在公司上市后国有股比重长期不变，导致了资本市场"一股独大"的现象。

国家股"一股独大"现象在我国资本市场中存续了很长一段时间，产生了一系列问题，具体说来，政府对上市公司达到了绝对控制地位，公司的董事会与监事会的成员中大部分由政府委派，都是政府机构相关人员，个人股东只占极小比重（李善民和王彩萍，2002）。为保证公有制的主体地位，我国在进行国有企业改革过程中采取了保留国有股绝对控制地位的办法，保留了上级机关对企业的支配地位。由于部分国有控股公司由原国家机关下属的企业通过改制重组设立，甚至在公司上市后仍承担了部分行政职能，公司的主要负责人由政府委派甚至由政府机关相关负责人兼任，所以公司很可能成为行政性"翻牌公司"（马新啸等，2021）。

在股权高度集中的情况下，公司的大股东和中小股东的利益冲突更显著。大股东的控制权越大，越有动机进行"隧道挖掘"，在公司决策时，当中小股东利益与其自身利益相悖时，大股东可以利用资本多数规则通过表决权否决中小股东的提案。在法律层面，对大股东的行为不可能细化到每一项决策，尤其是在制度监管缺位时，大股东往往会打法律和政策的

"擦边球"，通过无法被证实或查实的违规行为侵害中小股东权益，中小股东权益得不到法律和政策的有效保护。

大股东使用非公平关联交易、转移公司剩余利润、资金占用、现金股利、操纵股价或控制净资产收益率等手段谋求控制权私有收益，进而损害、侵占小股东的利益。同时，在股权高度集中的企业中，大股东这种"隧道挖掘"行为甚至会影响公司正常运行，损害中小投资者对资本市场的信心。

为了改善我国上市公司股权高度集中的状况，2005 年，中国证监会发布《关于上市公司股权分置改革试点有关问题的通知》，对我国资本市场上市公司进行了股权分置改革，到 2006 年股权分置改革基本完成，上市公司股权结构有所改变，上市公司的股权结构由高度集中向相对集中转变。然而 2021 年初，中国银保监会对包括国家开发银行、中国邮政储蓄银行和中国工商银行等在内的 7 家金融机构，在不良资产违规转让、贷款业务以及同业业务和理财业务等方面存在的多项违法违规行为，累计处罚 1.995 亿元。近年来发生的多起触目惊心的金融风险事件都与大股东或最终控制人控制董事会存在密切关系，以上事实说明当前"一股独大"现象在我国依然存在，部分是显性存在、部分是隐性存在。当然，"一股独大"问题不是我国特有的现象，简科夫和麦立讯（Djankov and Mcliesh，2001）通过对 97 个国家的传媒业上市公司的股权结构展开调查，发现绝大部分公司仍被家族绝对控制。值得注意的是，无论是学术界还是业界，"一股独大"现象均被视为公司治理结构不合理的根源，同时还被看作影响资本市场资源配置效率的不良因素。

与此相对应，股权分散有利于保护中小股东的利益，但是股权过于分散带来的直接影响就是股东数量多，导致难以在集体行动上保持一致，中小股东由于其持股比例相对不大，因此对公司的经营决策也缺乏足够的积极性，缺乏及时作出经营决策的效率，容易导致公司错过良好的发展机会。对于股权分散的公司而言，任何股东都不能稳定掌握公司的控制权。在投资周期长的项目上，如果股东没有有效地收回前期投入的沉没成本，而此时股权相对变得集中的话，新取得公司控制权的股东实际上是"搭便车"，却让投资的股东遭受了损失。"搭便车"的问题也极易打击投资者的积极性，一开始就不愿意投入成本，导致企业错失市场竞争的先机。

上述状况都是股权结构不合理的体现，因此需要建立适当集中的股权结构，改善我国股权过于集中的现状，同时也要减少部分公司股权过于分散的现状，稳定我国资本市场。引入双重股权结构是当下我国企业的迫切性需要。

### 3.3.2 顺应国有企业混合所有制改革的需要

为了切实改善我国资本市场国有股"一股独大"的现状，我国启动了新一轮的国有企业混合所有制改革（以下简称"混改"）。目前《国企改革三年行动方案（2020－2022年）》已启动实施完毕，促进了国有企业"二次混改"目标的实现。所谓混改，就是要在国有独资或控股企业中引入集体资本、非公有制资本、外资资本等社会资本，为企业注入新活力，实施股权多元化改革，优化企业内部的股权结构，同时完善企业内部公司治理结构。总体而言，混合所有制改革的重中之重是国有企业、民营企业、国有资本与民营资本的融合，充分调动我国民营资本以及民营企业的积极性，切实推进体制机制转化。在坚持公有制为主体的基本经济制度的前提下，混改面临着国有资本被不断稀释后国有企业性质可能被改变的新问题，也存在公司治理结构没有发生根本性变化、资本结构仍然是国有控股等改革不彻底的情况。换句话说，在将改革进行到底的过程中，国有股减持，同时国有资本还要保留对决策事项的绝对控制权，以此来缓解国有企业的经济目标和政策目标的冲突。

根据双重股权结构控制权与财产权分离的特点，有利于解决上述问题。一方面，国有企业要坚持党的领导，为党工作，必须履行保障和改善民生的义务，实现为公共服务的职能。2016年11月29日李克强在国务院常务会议上强调："国有企业的首要职责，就是实现国有资产保值增值。

这是衡量国企工作优劣的关键"[1]。在涉及国有企业经营方向等重大事项时,持国有资本的股东可以根据双重股权结构行使多倍表决权;而不干涉其他社会资本的股东对企业一般性事务的决策,有效地激发创造活力。另一方面,按照双重股权结构下的持股比例,正常进行股东利益分配。即国有资本股东不会因多倍表决权获利更多或者因经营不善而承担更多损失。

双重股权结构顺应了当下国有企业混合所有制改革的需要,有助于落实国有企业股权多元化的政策,有利于增强国有企业的创造力,提升企业活力。同时,对于混改企业和注入的社会资本而言,是一次发展的机遇,不但得到了国有企业的背景加持,也获得了发展优势,增强了自身在市场上的竞争力。

# 3.4　经 济 后 果

1932 年波勒和敏斯(Berle and Means)出版的 *The Modern Corporation & Private Property*,提出了企业所有权和经营权已出现分离,现代企业已由所有者控制转向经营者控制,并指出随着经营者权力的增大,会出现损害所有者利益的倾向,这标志着公司治理领域的研究正式成为学术领域的重要课题。

具体而言,当经理人本身就是所有者时,即拥有企业全部的剩余索取权,此时所有权和经营权合一,经理人会努力地为自己工作,不存在代理问题。但是,随着现代企业资本运作方式的改变,经理人通过发行释放股权,从外部汲取新的经济资源,此时企业的所有权高度分散。作为理性经济人,经理人会存在提高在职消费、逆向选择等不利于长期业绩增长的动机,这些即为剩余损失成本。而为了降低此类代理成本,股东所付出的代

---

① 《李克强:国企首要职责是实现国有资产保值增值》,中国政府网,2016 年 12 月 1 日。

价包括设立董事会进行监督、设置激励措施激励管理层，这些即为约束成本和监督成本。

## 3.5 本章小结

本章通过对双重股权结构的概念进行界定，首先介绍了双重股权结构的主要特征，以及双重股权结构的多种表现形式。具体来说，双重股权结构的主要特征包括：（1）财产权与控制权的分离；（2）同股不同权；（3）集中控制权；（4）通过契约方式获得控制权；（5）多层级股票形式的设置；（6）双重股权结构的行业适用性。在此基础上，本章梳理了双重股权结构的主要功能，第一，缓解了控制权和公司融资的矛盾；第二，满足了股东异质化需求；第三，发挥了人力资本的优势；第四，有利于企业创始人掌握控制权；第五，规避敌意收购风险；第六，有利于企业专注长期发展，实现利益最大化；第七，有利于完善资本市场，提高经济效益，增强投资者信心。双重股权结构有诸多优点，那么我国资本市场是否有需求呢？其次本章分析了我国引入双重股权结构制度的现实需要，引入双重股权结构是改善我国股权结构不合理状况的需要，还是顺应国有企业混合所有制改革的需要。最后介绍了引入双重股权结构可能出现的经济后果。综上所述，建立起相对集中的股权结构，既能改善我国高度集中的股权结构，又能杜绝因为股权分散出现的"搭便车"现象，从而稳定我国资本市场，优化资本市场的资源配置。因此，适时引入双重股权结构有利于提高我国上市公司的治理水平，尝试将双重股权结构引入我国具有必要性。

# 第 4 章

# 我国引入双重股权结构的可行性

双重股权结构在西方国家产生，至今已有 100 多年历史，其发展历程的宝贵经验及教训对我国引入双重股权结构具有重大借鉴和指导意义。近些年，我国资本市场发展迅速，截至 2023 年 12 月 31 日，我国境内 A 股上市公司数量已达 5113 家①，但上市公司质量参差不齐，要实现上市公司的高质量发展，加大开放力度，实行公司股权结构的多元化发展逐渐成为改革趋势。在此背景下，双重股权结构保障创始人控制权的特有优势逐渐显现，政府部门、学术界和业界对双重股权结构的关注也体现了引入双重股权结构存在可行性。

## 4.1　企业股权结构起源与研究

### 4.1.1　双重股权结构的历史起源

双重股权结构在美国的萌芽可追溯到 19 世纪。在此之前，美国绝大部分企业都在奉行同股同权制度。而同股同权制度确立的原因，一方面是

---

① 资料来源：中国上市公司协会。

由于其能有效地吸引大规模资本投资的优势；另一方面则是因为在此之前立法机构对股东表决权进行的各项限制性规定总是以各种方式被规避。此外，还有一个重要影响因素就是同股同权制度下的"平等"能消除公众对公司的偏见。因此，"一股一权""同股同权"一直是当时美国业界默认的股权规则。

1898 年国际白银公司（International Silver Company）发行了 900 万股优先股和 1100 万股无表决权的普通股①，自此，双重股权结构制度正式引入美国。其后在 1902 年，该公司调整了原发行股票的表决权，调整之后，原始股股票享有的表决权是对外发行股票表决权的两倍，事实上，这是世界上第一次有公司发行"一股一权"之外的股票，打破了原有"一股一权"的制度设计，也称为双重股权结构的起源。

## 4.1.2 双重股权结构的国内外研究

### 4.1.2.1 国外研究现状

有关国外股权结构，波勒和敏斯（1932）做了最早的研究。他们从企业实践的视角，发现在股权高度集中的公司，很容易造成对管理者的监督缺位，从而对公司的内部控制产生不利影响，管理者有更大的可能性会为了最大限度满足自身利益而损害其他股东利益。所以，这一时期的学者大多支持股权平等而反对双重股权结构制度，自此之后，公司的股权结构成为学术界在公司治理领域讨论和研究的焦点。20 世纪 70 年代后，有关股权结构的理论研究与案例研究相当丰富，在股权较为分散的情况下，单一的某个股东不可能直接管理公司，董事会要聘请职业经理人带领管理层对公司进行管理，由此产生了委托代理理论（后发展为契约成本理论）。拥有专业知识、经营管理公司的经理人会因剩余索取权的矛盾，为达到满足

---

① 资料来源：《双层股权结构对企业以及资本市场意味着什么？》新浪网，2019 年 12 月 31 日。

自身利益的目的而损害其他股东的利益（Jensen and Meckling，1976）。

此后，众多学者发现在世界范围内，股权高度集中更具有代表性，而不是股权高度分散（La Porta，1999）。机构股东服务公司（Institutional Shareholder Service）2007年对欧洲国家进行了公司股权结构的调查分析，发现超过40%的公司采用了控制权加强机制，其中，最普遍的是金字塔式股权结构，占比达27%，然后是双重股权结构，占比24%。自2000年高科技公司崛起以来，特别是谷歌2004年采用双重股权结构上市以来，信息化、电子化等科技创新类行业采用双重股权结构的比例在不断提高。

迪特曼和昂贝里奇（Dittmann and Ulbricht，2008）分析了89家德国双重股权结构公司在1990～2001年间将其股权结构从双重股合并为单一股的决定后，发现公司所获得的价值超过公司控股股东在公司股票统一中失去较少表决权的损失，创始人为此可能会放弃双重股权结构。双重股权结构的使用下降与一股一权和双重股权结构公司的相对估值呈正相关，在一股一权的公司相对估值较高的时期，由于投资者的估值需求可能导致公司放弃引入双重股权结构（Ronald，1987；Braggion and Giannetii，2017）。在大型股东之间更平等地分配表决权对公司价值有积极影响，而较高的控制权不利于公司统一（Maury and Pajuste，2005）。控制权与财产权之间的低分离、金融投资者的存在和交叉上市，增加了股票类别统一的可能性。在具有较高发展机会且需要外部融资的公司中，统一的可能性也更大。股权结构统一有利于提高公司价值，增加董事会的独立性（Braggion and Giannetii，2017；Maury and Pajuste，2005）。

从公司首次公开募股引入双重股权结构的动机来看，公司控制人谋求个人私有收益理论、防止恶意收购理论和公司长期效益假说理论三大理论占据主要地位。阿鲁加斯兰（Arugaslan，2010）通过公司发展实例研究得出，控制人谋求个人私有收益这一点被证实，而后两点被否认，因为双重股权结构最容易引发的代理问题是财产权的激励与表决权的防御效应（Arugaslan，2010）。而随着财产权与控制权分离的扩大，代理成本会因为信息不对称而上升。在国外，大量企业广泛引入双重股权结构制度，对其研究的重点也逐渐从理论转向实践。

双重股权结构的制度价值体现在能有效提供融资与控制权的双重保障（FischE，1987）。其财产权与控制权分离的特征让公司投资者持有更多流动资金，合理分散投资风险。双重股权结构通过特别表决权的设置将控制权掌握在创始人手里，有利于防止敌意收购，保护企业创始人利益，同时保障企业长期发展（Lobanova，2019）。上市公司倾向选择双重股权结构的动机是因为其符合股东利益诉求异质化的趋势，能够有效提高企业治理能力、增强市场竞争力（Stephanie，2016）。

### 4.1.2.2 国内研究现状

我国从 20 世纪 80 年代初的经济体制改革后开始关注公司股权结构与治理，相对于国外超过 100 年的实践经验，国内资本市场尚未全面放开对双重股权结构的限制，学术界对双重股权结构的研究起步晚，研究还不够深入。具体来说，主要集中在双重股权结构的优劣势以及引入基础方面。

除了维护公司利益之外，创始人更倾向于获得自身利益以及个人效用（陈红和杨凌霄，2012）。因为双重股权结构下投资者拥有自由选择股权结构的权利，能够顺从自己的意愿进行选择（蒋学跃，2014）。除此之外，双重股权结构还具有激励创业、保障企业文化传承等其他制度价值。

但是，部分学者认为双重股权结构存在诸多弊端，我国不应该引入双重股权结构。蒋学跃（2014）认为"同股不同权"的原则加大了公司并购的难度，在一定程度上影响了并购市场秩序。韩宝山（2018）认为双重股权结构赋予了创始人绝对控制权，提高了创始人滥用权力侵害中小股东利益的风险，进而不利于资本市场的稳健发展。陈若英（2014）认为难以保障公众投资者利益的弊端会增加公众机构的负载，使双重股权结构的代理成本延伸至第三方。

　　我国"同股同权"的原则设计初衷是为了保护中小股东利益，引入双重股权结构势必会与我国市场保护机制冲突，我国学者就如何进行制度设计给出了具体研究结果。首先，在双重股权结构的适用主体方面存有较大争议，采用双重股权结构的企业有向互联网传媒的行业聚集的特点，应该将主体限制在家族企业、公益性和文化传媒等性质的公司（吴英霞，2017）。双重股权结构能使创始人全面控制公司，应该限制在活力强但规模小、上市融资难度大的创新创业型企业，另外有更加开放的观点认为所有行业都可以适用双重股权结构，发挥自由市场的选择权（陆宇建，2016）。其次，要改善市场环境，完善信息披露制度和集体诉讼等事后救济制度，保护中小股东利益（安邦坤，2018）。企业自身也要坚持企业文化、坚守长期战略，同中小股东一起实现企业价值。

　　总的来说，国内外学者对双重股权结构公司的研究大多基于公司价值、代理问题、投资和盈余管理等公司治理问题。就当前学者的研究结论来看，尚未形成统一意见，因为双重股权结构既有积极的一面也有消极的一面，一方面能保障公司按创始人的理念发展；另一方面可能导致更严重的控股股东"隧道挖掘"行为。

# 4.2　双重股权结构的发展历程

## 4.2.1　美国双重股权结构的发展历程与经验

### 4.2.1.1　美国双重股权结构的发展历程

#### 1. 早期萌芽阶段（1926 年以前）

　　双重股权结构在美国的萌芽可追溯到 19 世纪。随着社会经济不断发展，资本市场的不断扩大，许多公司都走上了上市融资之路，但融资的同时也意味着创始股东的股权被不断稀释。而企业的实际控制人，特别是部分银行及家族企业的创始人，为了能继续保留控制权，就需要寻求突破"一股一权"的股权设计制度，对公众股东权限加以限制。一种方式就是限制优先股的表决权，只有在特定情形下优先股才能参与公司决策的表决，而在此之前，优先股与普通股一样，都具有同等的表决权；另一种方式就是发行没有表决权的普通股股票。

美国最早发行无表决权股票的公司是国际白银公司（International Silver Company），1898 年，国际白银公司发行了 2000 万股无表决权股票，其中 900 万股无表决权优先股，1100 万股无表决权普通股。到 1902 年，普通股才被赋予了表决权，但每两股才有一票表决权。而国际白银公司的无表决权股票的尝试也正式拉开了美国双重股权结构的帷幕。

自从 1898 年国际白银公司发行了世界上第一份无表决权的股票之后，由于双重股权结构一方面能够保证公司控制权保留在创始人手中；另一方面又能满足融资的需求，越来越多的公司创始人开始借鉴这种股权结构，即发行两种类别的普通股，一种类别的普通股的发行对象是公司内部的创始股东，遵循一股一权的原则；另一种类别的普通股的发行对象是公众股东，公众股东的股票无表决权，但往往拥有更大比例的股利分配。

2. 管制阶段（1926 ~ 1985 年）

经历了萌芽阶段以后，双重股权结构的引入在学界和业界都存在很大争议，哈佛大学政治经济学教授威廉·里普利（William Z. Ripley）是持反对呼声最高的学者之一，他猛烈抨击了双重股权结构，提倡各股东应该拥有平等的表决权。1925 年 10 月 28 日，威廉·里普利教授参加了纽约政治学研究学术会议，在这次会议上，他以道奇兄弟公司为例，认为引入了双重股权结构的私营公司正在被银行所购买，而银行支付的价格正在以"优先股"的形式被公众所补偿，以往发行优先股有一定的数量限制，而现在却完全没有了限制。同时，由于公众股东持有的股票不具备表决权，在受到权益被侵害时，甚至没有办法团结起来维护自身利益。

　　这些观点一经提出，就引起了美国各大有影响力的报刊争相转载，对双重股权结构进行了广泛讨论，尤其是中小投资者逐渐认识到，双重股权结构可能加重创始人和高级管理者的"隧道挖掘"行为，于是更多的人开始反对双重股权结构。1926 年，美国一些州立法机构也撤回了对无表决权股票的发行许可，此外，美国国会和卡尔文·柯立芝总统也对双重股权结构表达了强烈的反对意见。而双重股权结构之所以被很多人反对，主要还是因为政府部门和投资者都担忧金融部门利用双重股权结构形成强大的经济权力。在此背景下，美国全国性的证券交易所对双重股权结构的采用进行了限制。

　　纽约证券交易所（NYSE）（以下简称"纽交所"）对双重股权结构的限制长达 60 年之久，从 1926 年开始，纽交所颁布条款禁止引入双重股权结构的企业上市融资，即便如此，这些条款并未严格执行，仍然有众多公司选择采用双重股权结构，1927 年之后的 5 年间 288 家公司发行了限制表决权或无表决权的股票。到了 1933 年，经济危机爆发，公众股东的风险意识增强，双重股权结构的发行有所减少。1940 年，纽交所根据上市公司指引手册，在 5 月 7 日正式发布《关于优先股表决权的上市要求的报告》，对在纽交所上市公司的股权设置进行了限制，要求公司不得发行每股表决权多于或者少于一份的股票，这一禁令到 1985 年才解除。因此，在无表决权股票被禁止的情况下，许多家族企业把控制董事会固定席位的选举权当成维护控制权的有效手段。

　　与纽交所严苛的限制相比，美国另外两大证券交易所则并没有严格限制双重股权结构的采用，政策相对宽松。纳斯达克交易所对公司上市的股权设置没有严格限制。美国证券交易所不允许上市公司发行无表决权的股票，不过不限制违背"一股一权"原则的投票信托行为，同时允许公司满足下列条件时发行不同比例表决权的股票。（1）最高与最低表决权股票的差异不高于 10∶1；（2）低表决权股东能够决定不低于 25% 的董事会成员；（3）高表决权股份必须达到一定比例，否则会导致丧失表决权优势；（4）不允许公司设置任何削弱低表决权股票表决权的条款；

（5）公司不得设置任何削弱低表决权股份的其他股票；（6）低表决权股票优先分配股息。此后，高低表决权的股权设置逐渐成为双重股权结构的主要形式。

### 3. 政策统一阶段（1985～1994 年）

20 世纪 80 年代，美国兴起了一波敌意收购浪潮，创始人的控制权受到严重挑战。为了应对这种情况，股东差异化表决权被广泛采用，管理者通过剥夺公众的表决权来维护自己对企业的控制。在此背景下，由于美国证券交易所和纳斯达克交易所相对宽松的股权设置政策，吸引了众多面临敌意收购和控制权被稀释的公司上市。1985 年，共 60 家引入了双重股权结构的公司在美国证券交易所上市融资，占该交易所上市公司总数的 7%；纳斯达克交易所超过了 110 家上市公司引入了双重股权结构，约为整个纳斯达克资本市场公司总数的 2.7%。所以，纽交所感受到了巨大企业"出走"的压力。

由于面临激烈的竞争，纽交所修改了对上市公司股权结构设置的要求。1985 年，纽约证券交易所发布了上市标准意见稿，开始允许上市公司引入双重股权结构，在大多数独立董事以及公众股东支持的前提下，公司可以重组资产，放宽了公司表决权的限制，可以发行不同表决权的股票，但需要满足下列条件：（1）超过 2/3 的股东同意；（2）在独立董事占比超过一半时，需要过半独立董事同意；如未超过一半时，需要全部独立董事同意；（3）最高与最低表决权股票的差异不高于 10∶1；（4）双重股权股票除表决权差异外没有其他差异。此后，美国三大证券交易所都引入了双重股权结构，越来越多的上市公司采用了双重股权结构，如表 4 - 1 所示。

表 4 - 1　　　1985～1995 年美国采用双重股权结构 IPO 的公司数量　　　单位：家

| 项目 | 1985 年 | 1986 年 | 1987 年 | 1988 年 | 1989 年 | 1990 年 | 1991 年 | 1992 年 | 1993 年 | 1994 年 | 1995 年 |
|---|---|---|---|---|---|---|---|---|---|---|---|
| 数量 | 7 | 24 | 24 | 9 | 7 | 7 | 23 | 18 | 33 | 33 | 30 |

资料来源：新浪财经。

对此，美国的监管机构也作出了回应。1986 年 11 月，美国证券和交易委员会（SEC）就上市公司是否能够引入双重股权结构进行广泛的论证。尽管纽交所主席更倾向于"一股一权"制度，但是在其他两大证券交易所仍没有放弃其上市规则的情况下，倘若仍坚持"一股一权"制必然会降低纽交所的吸引力和竞争力。所以，三大交易所为了抢占上市公司资源各行其是，在接下来的几个月，美国证券和交易委员会一直在对三家证券交易所进行协调，希望在公司上市的标准上，三家证券交易所能达成一致意见，统一标准，但是并没有成功。

1988 年 7 月，为了防止交易所的恶意竞争，SEC 表决通过了一项统一监管规则——Rule 19C - 4，规定了在证券交易所上市的公司所必须遵循的规则。这一规则禁止上市公司采取任何会稀释现有股东表决权的行为，保护了公众股东的利益。但是同时，这一规则又允许公司发行表决权少于一股一票的股票，不对等表决权的交易被允许存在。

Rule 19C - 4 的颁布引起了广泛的讨论，讨论的焦点在于"SEC 是否有改变证券交易所规则的权力"，商业圆桌会议（The Business Roundtable，美国的一个 CEO 组织）据此向法院提交诉讼，认为 SEC 作为联邦政府机构，这样的行为侵占了各州政府的权力，并且对公司的内部事务进行了干预。1990 年 6 月 12 日，哥伦比亚特区法院判决 Rule 19C - 4 号规则无效。

尽管 SEC 在诉讼中落败，但是在对双重股权结构的争论中，SEC 仍然取得了成功。1992 年 6 月，纽交所以 Rule 19C - 4 为参考颁布了新的上市标准。1994 年，在 SEC 的监督下，美国三大证券交易所签订协议，同意以 Rule 19C - 4 的主要内容为统一的上市标准，已经在交易所上市的公司不得再发行具有超级表决权的股份，但是允许发行限制表决权或低表决权股票，同时该协议内容不适用于过去已经发行的不同表决权普通股。其余内容与 SEC 之前发布规则基本一致。该协议的签订，统一了美国三大交易所的表决权政策，双重股权结构在美国资本市场的规定基本形成。

4. 兴盛与成熟阶段（1994 年至今）

自从美国三大证券交易所统一政策，都认可双重股权结构，允许采用双重股权结构的公司上市，美国资本市场上采用双重股权结构的公司数量增长迅速。1988～2007 年间，在美国上市公司中，累计有 8245 家公司发行了不同表决权的股票，虽然从总量上来看，引入双重股权结构的公司仍少于其他类型公司，但作为一种能满足特殊的融资需要和治理需要的公司治理结构，双重股权结构被学术界和业界看作股权改革的方向。

在上市公司中，双重股权结构制度在不同的行业都有分布，但是自从 21 世纪以来，传统行业中使用双重股权结构的上市公司正在逐渐减少。随着信息技术革命所带来的知识经济的迅速发展，新经济大有赶超传统经济的趋势，而且在很多行业新经济已经实现了超越。财务资本正在被人力资本所取代成为企业运营的关键，在此背景下，由于双重股权结构能够使得创始人以较少股份掌控公司更多表决权，保持公司的控制权，发挥人力资本优势，因此越来越多的互联网高科技公司引入了双重股权结构。在科技创新型企业中，创始人的作用巨大，其引入双重股权结构的比例最高，数量稳步提升。

2004 年 8 月，谷歌在纳斯达克交易所上市，并采用了双重股权结构，具体规则为 A 类股票一股享有一份表决权，而 B 类股票则不同，一股享有十份表决权，只有两位创始人和一位首席执行官才持有 B 类股票，这样是为了保障这三位公司的创业元老对公司的控制权。谷歌的创始人明确表示，双重股权结构能够使公司按照他们的管理经营理念运行，符合新生代科技公司的发展方向，能够预防公司的发展不会受到内部、外部短期压力的干扰，从而为公司的健康长远发展带来更多灵活性（Bergstrom，1990）。此外，领英（LinkedIn，2011 年）、脸谱（Facebook，2012 年）等美国大型互联网公司也接连采用双重股权结构上市，另外百度（2005 年）、京东（2014 年）等知名公司也因为国内对双重股权结构的禁止而选择赴美上市。

创始股东权力的扩大对相关投资机构造成了威胁，美国各机构强烈要求监管部门对双重股权结构进行遏制与规范，但终无成效。相反，世界范围内的股权结构变革正在热烈地进行，特别是对于新兴经济体来说，采用双重股权结构成为常态。各国的证券交易所如东京、新加坡等证券交易所也都借鉴美国的经验，不断地修改上市规则来放宽对股权结构的限制，以提高自己的竞争力。

此外，双重股权结构的类型也在呈现多样化发展态势，主要体现为：（1）高低比例表决权依然是应用范围最广的一个类型，然而，表决权的比例设置会更烦琐。美国 Zynga 是一家经营社交网络游戏的公司，该公司的股票可划分为三类，A 类股归公众股东所有，股权设置为一股一票；B 类股归公司 IPO 前的投资者所有，股权设置为一股七票；C 类股归创始人单独所有，股权设置为一股七十票。（2）各公司为了加强控制权，各种基本类型被混合使用。第一类常见的混合模式是无表决权股票和高低表决权股票的混合，即公司发行了无表决权股票，也发行了高表决权和低表决权股票，被称为"多重股权结构"。美国社交网络公司 Snap 就是其代表公司之一，该公司发行三类股票，无表决权的 A 类股，为公司 IPO 后的公众股东所有；一股一票的 B 类股，为公司 IPO 前的投资者所有；一股十票的 C 类股，为公司创始人所有。这样的股权设置，就使得 Snap 公司的两位创始人掌握了公司 43.6% 的 A 类股和全部的 C 类股，占总表决权的 88.6%，牢牢把公司的控制权掌握在自己手中。第二类混合模式是高低表决权股票和股东投票协议的结合。美国脸谱公司将股票分为一股一票的 A 类股票和一股十票的 B 类股票，但为了保持对公司的控制权，脸谱创始人在公司 IPO 之前就与 B 类股票的持有股东签订了协议，从而顺利获得了公司的代理表决权。（3）部分公司引入双重股权结构后，创始人对其进行改良顺利实现对公司的控制。以阿里巴巴集团为例，阿里巴巴实行的是"合伙人制度"，就是对双重股权结构的创新，由创始人和高管团队组成的"合伙人"通过同股不同权的方式以较少的股份掌握了公司绝对的决策权，并且通过掌握对公司至少 50% 的董事的提名权，从而掌握董事会，但同时必须经过全体股东的同意。

综上所述，本书简要归纳了双重股权结构的发展及争议，如表 4 - 2 所示。

表4-2　　　　　　　　关于双重股权结构理论争议的简要归纳

| 时间 | 经济背景 | 控制方 | 争论焦点 | 主流态度 |
|---|---|---|---|---|
| 20世纪<br>20年代 | 资本主义发展迅猛，缺乏监管，投机繁荣 | 银行家 | 缓解融资顾虑<br>银行家控制手段 | 反对 |
| 20世纪<br>80年代 | 金融自由化，大规模的企业重组和并购 | 经营者 | 应对收购威胁<br>管理层经济设防 | 部分支持 |
| 21世纪初<br>至今 | 知识、技术密集型企业创新 | 创始人 | 实现长远战略<br>创始人权力滥用 | 支持 |

#### 4.2.1.2　美国双重股权结构的经验

1. 美国的信息披露制度

美国资本市场之所以如此发达，这与美国对上市公司信息披露高度透明化的要求有重大关系。在美国严格的信息披露制度下，双重股权结构股票的发行必须用书面方式进行公开。美国众多上市企业年报的风险因素披露内容占比高达20%，在美国上市的阿里巴巴，其招股书共400多页，风险披露部分共43页，占比近10%，风险披露包括业务风险、公司治理风险、中国政策风险及发行风险等几大部分。对比中国近年在科创板上市公司的招股说明书，如东兴证券近350页的招股说明书中，风险披露的信息只有10页，仅占总篇幅的3%左右，内容明显偏少，风险因素披露多有隔靴搔痒的感觉。[①] 我国过去对信息披露中其他义务主体没有提出披露的要求，对比美国的上市公司，中国上市公司的信息披露内容冗长复杂，语言生涩难懂，很难发挥信息披露的作用（佟瑶，2020）。

美国上市公司通过尽可能全面地披露公司经营风险，让投资者决定购买股票的同时承担自负盈亏的风险。在双重股权结构保护控制权的前提下，美国股权结构极度分散，许多上市企业的第一大股东持股比例不超过

---

① 《中美上市公司信息披露之重大差异》，第一财经，2015年3月3日。

10%，控制人为了保护自己的地位，也会用详细的风险因素含蓄劝退潜在的敌意收购者。发生并购重组等重大情况时，美国上市公司会将协议、签署文件等全文公开披露，公众投资者能了解并购重组的详尽过程并作为参考。企业创始人或管理层滥用控制权侵害中小股东利益、导致公司业绩下降的行为也需要进行披露，甚至有要承担法律责任的风险（Bohmer，1995；Caspar，2008）。因此，美国信息披露制度能有效保护公众投资者、有利于效率决策。

2. 美国的独立董事制度

独立董事制度通过加强董事会的独立性增强监督的功能，旨在维护股东利益，使企业信息披露透明化、规范化。独立董事在美国兴起于20世纪七八十年代。从1977年纽约证券交易所要求其上市公司设立并维持一个由独立董事组成的审计委员会至今，独立董事在美国已经发展成一套极为完善的制度体系，对美国的公司治理结构产生了深远影响。

美国是全球资本市场中独立董事制度最发达的国家，独立董事作为监督企业经营管理的角色，在董事会成员中所占的比例要超过50%，并且拥有占优势的表决权，不受管理层控制，能够自由客观地表达意见。为解决独立董事分散的问题，设置了首席董事（lead director）或主持董事（pre-siding director）领导独立董事（Seligman，1986）。首席董事一般而言有主持独立董事会议、协调董事会与管理层、保证信息便于董事们分享交流等职能。美国的独立董事在声誉机制的激励下会努力履行其职能，更好地为公司服务。另外，美国独立董事的作用不限于行使监督权，还可以为企业发展出谋划策。

3. 美国现代集体诉讼制度

集体诉讼是指具有共同利益的多数成员，因人数过多无法全体进行诉讼，由其中一人或数人代表众多当事人为全体利益起诉或应诉。美国的集体诉讼制度起源于英国衡平法院的"息诉状"，英国殖民活动传播到美国，受时任美国最高法院法官约瑟夫·斯多利的影响，流传至今，是美国民事诉讼中的重要内容。美国有关集体诉讼的法律条文有 1996 年《联邦民事诉讼规则》第 23 条和 2005 年《集体诉讼公平法》等，且历经多次修改逐渐完善。对于双重股权结构公司，集体诉讼制度可以应用于公司控制者不履行法定或约定义务，损害低表决权、无表决权股东利益的情况，这种事后救济的手段有利于保护中小股东的利益（Seligman，1986）。

## 4.2.2 日本双重股权结构的发展历程与经验

在日本，法人交叉持股一直是公司传统的治理方式，尤其是在银行持股上市阶段表现得最为突出。在第二次世界大战之前，日本国内一致反对引入双重股权结构，认为双重股权结构违背了"一股一权"原则，损害了股东平等规则。第二次世界大战之后，在日本经济迅速发展阶段，这种"内部人控制"现象在维持管理者控制权方面发挥了重要作用，但是在金融自由化的背景下，日本公司的股权结构产生了剧烈变化，外国投资者以及个人投资者占比的增多，导致股权结构充满了不稳定性，控制人对公司的控制权弱化。

由此，日本的公司创始人希望能重新掌握对公司的控制权。加上外来资本的影响，尤其是受许多采用双重股权结构的美国公司的影响，日本开始反思国内对双重股权结构的限制。

经过两次修订，2005 年，日本的公司法正式允许发行种类股，种类股制度的出现是对原有的"一股一权"制度的突破，是双重股权制度在日本的发展雏形。2008 年，东京证券交易所明确了表决权种类股的上市制度，允许公司实施多类别表决权结构。2014 年，东京证券交易所上市了第一家实行复数表决权结构的公司。随后，上市规则被东京证券交易所再次修订。对于发行种类股上市的公司，交易所会对种类股的内容进行审查，如果损害了公众股东的利益，那么对公司的上市则不予批准。日本公司法关于股权类制度的规定如表 4 - 3 所示。

表 4 – 3　　　　　　　　　　日本公司法关于股权类制度的规定

| 序号 | 名称 | 内容 |
|---|---|---|
| 1 | 优先股 | 具有比其他股份优先享有分红及分配剩余财产的权利的股票 |
| | 劣后股 | 落后于其他股权享有分红及分配剩余财产的权利的股票 |
| | 追踪股 | 与公司的子公司或内部事业部门的业绩具有联动性的股票 |
| 2 | 限制表决权股 | 在股东大会上针对不同事项具有不同表决权的股票（包括限制部分表决权的股份、限制全部表决权的股份） |
| 3 | 限制转让股 | 转让需要公司同意的股票 |
| 4 | 附取得请求权股 | 股东具有要求公司取得该股份的权利的股票 |
| 5 | 附取得条款股 | 公司具有在发生某些事由的情况下可强制从股东手中回购该股份的权利的股票 |
| 6 | 附全部取得条款种类股 | 公司具有可以取得该种类股的全部股份的权利的股票 |
| 7 | 附否定权股 | 股东具有可以否定股东大会、董事会决议的权利的股票，否定的内容可以不同 |
| 8 | 附选任董事和监事权股 | 由持有该种类股的股东构成的种类股股东大会具有选举董事、监事的权利的股票 |

资料来源：周宇：《国外公司资本形成制度比较研究以美、英、德、日之立法为例》，载于《金融法苑》2006 年第 2 期。

## 4.2.3　德国双重股权结构的发展历程与经验

在股权结构上，德国与欧洲其他国家不同，德国一直坚持"一股一权"的股权制度。尽管第一次世界大战后，双重股权结构在德国有了一个快速发展期，但是双重股权结构在德国经历了一个由立法机构主导，从允许发展到限制发展，再到全面禁止的过程。

20 世纪 20 年代，德国对双重股权结构放开以后，由于当时德国相关制度与法律的不完善，导致股东专权的问题不断恶化，大小股东之间的矛盾也日益突出，中小股东的权益不断被侵犯。1937 年，德国国会规定，公司采取双重股权结构必须要经过相关部门的批准。之后，德国在 1998 年颁布《控制和信息透明度法案》，正式以法律的形式废除了双重股权结构，并明确规定，在此之前所实行的双重股权制度到 2003 年 6 月 1 日正式失效。而德国的公司治理准则中也是频频提出上市公司要遵循"一股一权"的股权制度。此后，双重股权结构也逐渐退出德国的资本市场。

## 4.2.4　法国双重股权结构的发展历程与经验

作为大陆法系的典型代表国家——法国，在股权结构上一直遵循的是"一股一权"制度，但是随着社会经济的发展，经济危机频繁发生，为了应对这种情况，法国公司也会采取对"一股一权"的例外性规定。法国的《商事公司法》中，认可了复数表决权的存在。但是公司法对于双重股权结构的设置十分谨慎，一方面，公司法明确规定，复数表决权股票禁止任意转让；另一方面，在复数表决权的比例设置上，法国也是相当保守，复数表决权每股仅具有两票表决权，不能超出。所以这些规定也限制了双重股权结构在法国的发展。

同时，在实际案例中，法国也持续贯彻了这种态度。在 2014 年的《佛罗朗日法》中曾规定，注册年限超过两年的股东将自动拥有特殊表决权。但是一旦公司缺乏有关双重股权结构的章程，那么就得采取必要措施阻止章程的修订，以期阻止双重股权结构的运用。而且，只有获得了 2/3 以上的表决权才能对章程进行修正。

所以从这些方面我们能够明显地看出法国对双重股权结构所采取的保守态度，双重股权结构的设置是出于现实的需要，其主要目的是集中表决权，保障原始股东对公司的控制权。严格来说，法国允许存在复数表决权，但这并不能完全算作双重股权结构，而且在实施上也相当困难，因为要达到这一点需要 3/4 的多数表决权。

### 4.2.5 新加坡双重股权结构的发展历程与经验

新加坡一直以来也是坚持"一股一权"的股权制度，直至 2011 年 4 月，新加坡财政部审查公司法指导委员会提交了一份关于公司法的修改报告，报告建议废除传统的"一股一权"制度，允许双重股权结构的实施。但是报告遭到了部分人的反对，他们认为股东应该具有平等的表决权，尤其是在家族企业众多的社会条件下，保护中小股东的利益尤为重要。

由于新加坡证券交易所对双重股权结构的限制，许多大型企业都选择在纽交所及其他国家或地区的证券交易所上市，导致新加坡证券交易所错失了许多的资源与机会。新加坡政府认为，如果继续对双重股权结构进行管制，那么本国国际金融中心的地位将会慢慢丧失，经济竞争力、吸引力都会下降。到了 2014 年，选择在新加坡证券交易所上市的公司仅仅只有 41 家，且融资金额、日交易量都在呈下降趋势，这些都说明，新加坡证券交易所在不断丧失竞争力和吸引力。同年，修改后的公司法废除了一股一票的规定，允许具有不同表决权的股票的发行。随后，上市委员会同样允许了双重股权结构的存在，但建议应该采取一些措施保护投资者权益。尽管新加坡证券交易所认为，双重股权结构会导致公司被完全控制在少数大股东手中。但是 2018 年 6 月，双重股权结构还是被新加坡证券交易所正式确立。

## 4.3 我国引入双重股权结构的可行性分析

### 4.3.1 法律环境的可行性

当前，我国正在深化企业改革，股权多元化是重要措施之一，伴随着我国资本市场改革进程的推进，国家不断完善相关政策，同时在法律制度上也预留了相应空间，为我国引入双重股权结构提供了制度上的可行性，因此有必要适时引入双重股权结构，尽快承认双重股权结构在我国的合法地位（于培友，2020）。虽然我国现在还没有正式的法律法规承认双重股权结构的合法性，但也并没有禁止。现行《公司法》第一百三十一条规定："国务院可以对公司发行本法规定以外的其他种类的股份，另行作出规定"。这一规定可以作为双重股权结构在我国获得合法承认的突破口。2013 年党的十八届三中全会上，"特殊管理股制度"首次被提出，分析公司的股权性质，此制度类似于双重股权结构。此后，2014 年中国证监会发布《中国证券监督管理委员会公告〔2014〕13 号》，明确规定我国资本市场中上市公司在符合要求的条件下，可以发行没有表决权的优先股股票。以上法律法规及政策中的相关规定对于本书的研究具有重大启示，对于设计我国引入双重股权结构的制度具有重大参考意义。2018 年，在失去了阿里巴巴之后，香港证券交易所正式允许采用双重股权结构的公司赴港上市。上海证券交易所也在 2019 年 4 月完善了相关制度，修订了《上海证券交易所科创板股票上市规则》，允许引入差异化表决权的股权结构的公司上市，虽然只是在科创板的引入，但也是我国资本市场的首次尝试，开启了我国资本市场股权结构的重大改革。

## 4.3.2　企业引入双重股权结构的可行性

近年来，阿里巴巴、京东等一批中国企业赴美上市的成功案例，从实践上证明了企业实行双重股权结构的可行性。这也从另一方面说明了单一的股权结构已不能满足新兴企业的发展要求，新兴企业与传统企业的最大不同在于新兴企业的发展主要在于其创始人的个人魅力，所以加强创始人对企业的控制权有利于新兴企业的发展。而双重股权结构刚好能满足这一需求，因此受到了新兴企业的青睐。

当前我国企业已呈现出多种股权结构化需求的趋势，在全面深化改

革，发展市场经济的背景下，企业实行双重股权结构的优势越来越
显著。

### 4.3.2.1　保障股东控制权，有利于公司的长期发展

双重股权结构的特点使得管理层对公司拥有绝对的控制权，这也意味
着管理层的管理水平对公司的经营起着决定性的影响。在现今的公司中，
新兴企业与传统企业运用双重股权结构的情况最为普遍。对于新兴企业创
始人来说，一方面，其对于公司有着很深刻的理解和自己的想法，当他对
公司拥有绝对控制权时，就能够对公司进行一系列的改进以达到个人对公
司发展的预期；另一方面，公司创始人往往对公司有着深厚的感情，其对
于公司的未来有着更深刻的担忧。因此，担任管理层的创始人大多会尽心
尽力管理好公司，实现自己的理想和目标。双重股权结构所赋予的控制权
有利于优秀管理层对公司的管理，也能够促进公司的发展。就传统企业来
讲，传统企业之所以能够发展，不落人后，其主要原因是公司能够保持稳
定。企业管理层利用双重股权结构获得对企业的绝对控制权，有利于公司
内部的稳定，便于企业在新时代不断发展壮大。

采用双重股权结构之后，公司管理层能够按照创始人的理念进行管
理，公司从创始人的特殊影响力中获取收益。主要有以下几点：（1）以创
始人为核心的公司管理层的创业精神能够影响公司发展，虽然创业精神并
不能直接为公司带来经济利益，但创始人为核心的管理团队的创业精神引
导公司的经济活动，决定公司的战略方向。特别是高成长的科技创新型公
司，大多是轻资产运营，注重创意设计，创始人的远见与理念尤为重要。
此外，多数创始人都具有企业家精神，公司是创始人实现其自身价值的路
径，所以其更加注重企业的可持续发展。（2）以创始人为核心的管理团队
有优秀的经营决策能力、有优秀的管理经验，引入双重股权结构之后，保
障了创始人团队的控制权，能够充分发挥其经营管理才能。相比于其他股
东，创始人从公司一成立就倾注了大量的时间和精力，在公司的经营方面
更加专业，在公司重大事项决策及战略制定方面更有远见，同时也能保证

投入足够的情感和精力。（3）创始人对公司发展尤为重要，一旦公司的控制权落入他人之手，很可能影响公司的生存和发展。引入双重股权结构，保障了创始人团队的控制权，公司可以健康稳定地发展。高成长性科技创新公司发展快，专业性强，创始人对市场发展机会的判断、对市场的敏感度及专业程度对公司尤为重要。因此，引入双重股权结构，赋予其更多表决权，保障其能控制公司，有益于公司的发展。

此外，保证公司正确的发展方向对成长性公司来说尤为关键，采用双重股权结构的公司克服了"一股一权"公司股东非理性行为的不良影响。在"一股一权"的公司，所有股东按照持有股票比例行使表决权。但要注意的是，因为股东的专业知识与经营理念有差异，投资目的也不尽相同，并非所有股东都是理性的，因此，这部分股东经常没有办法作出合理、正确的判断，其在公司的表决权可能陷入"非效率"状态，过于追求短期利益会影响公司的长远发展，不利于公司的战略决策。

引入双重股权结构之后，表决权集中在少数股东手中，大大提高了公司决策效率。尤其是在科技创新公司，这类公司处于内外部环境极其复杂的状态，风险高，这要求公司具备很强的反应能力、应变能力和抗风险能力。采用双重股权结构的公司控制权掌握在创始人和高级管理层手中，能够降低股东间的沟通成本，缩短沟通时间，从而提高决策效率，有效降低风险，有利于企业的长远发展。

### 4.3.2.2　有效抵御恶意收购

双重股权结构在应对资本市场的恶意收购上也有其必要性和重要性（Bebchuk，2017）。当管理者经营不善，导致企业股票下跌，很容易引来恶意收购。而企业运用双重股权结构能够降低企业被敌意收购的风险，有利于企业的长期良好发展。万科与宝能的股权之争暴露了"一股一权"结构之下，企业面对敌意收购时很难有良策。而双重股权结构的特点，便是能够将控制权牢牢掌握在管理层手中，外部想要获得企业控制权，需付出极大的代价收购普通股，并且即使收购者获得数量可观的 A 类股，也不能确保其获得足够的表决权，这一特性往往会使得恶意收购者知难而退（王长华，2020）。

### 4.3.3 国情的可行性

国内投资市场的日益完善，越来越多的企业开始追求股权结构多元化。由于国内尚未承认双重股权结构的合法性，许多优质的新兴企业纷纷前往境外上市，导致了资源的流失，这是可以避免的不必要的损失。此外，我国正处在全面深化改革，发展市场经济的时代，研究好双重股权可以帮助我国改进和优化现有的股权制度，有利于市场经济的发展。

资本市场的发展有其内在规律，纵观双重股权结构的发展历史，在美国、日本等西方发达国家的资本市场，都已经认同了双重股权结构的合法地位。坚持"一股一权"原则，不做相应调整和补充，一方面会伤害创业者的创业激情；另一方面不利于资本市场吸引优秀的公司，因此有一定的局限性。适时引入双重股权结构，做好风险防范设计，满足各利益相关者的诉求，具有很强的可行性。引入双重股权结构，并不是要否定"一股一权"的原则，认为"一股一权"原则没有意义，而是在新形势新背景下，一味地恪守"一股一权"已不再适应现代公司治理的要求和发展潮流。事实上，近年来，正是由于我国境内资本市场对双重股权结构的不认可，一大批优秀的高科技公司，如阿里巴巴、京东、百度等纷纷跑到境外上市，实际上是我国境内资本市场的重大损失，同时也导致我国境内资本市场投资者分享不到优秀公司的发展成果（葛伟军，2010）。依照现代化公司治理体系的发展要求，双重股权结构会越来越受到高科技企业的欢迎。因此，我国境内应该适时引入双重股权结构，假如一直不承认双重股权结构的合法地位，拒绝在资本市场引入双重股权结构，势必影响我国境内资本市场的长远发展，降低投资者的热情，不利于激活市场活力。所以引入双重股权结构对我国境内资本市场实属必需。

此外，双重股权结构在建设国内股票市场中可以发挥重要的作用。引入双重股权的同时，结合我国社会主义市场经济特征，完善相关法律法规，提升公司治理效率，降低非效率的治理行为，有效增强资本市场参与者的信心，可以促进我国资本市场长期繁荣发展。如果国内允许采用双重股权结构制度的企业上市融资，我国的资本市场将迎来巨大的发展机遇。

相比较于"一股一权"的股权结构，双重股权结构制度的设计满足了部分企业经营方式的特殊需求，对创始人和投资者是最优选择。尽管我国的相关法律法规以及市场发展条件与西方发达国家有所不同，不过引入双重股权结构，可以为我国企业尤其是高科技企业提供多样化的股权结构制度选择，为我国企业股权结构改革指明方向，提供创新思路，促进我国资本市场健康稳定发展。

# 4.4 本章小结

本章通过对双重股权结构在国外引入的背景分析，介绍了双重股权结构在西方发达国家的发展历程，具体包括美国、日本、德国、法国和新加坡，在此基础上，分析了我国引入双重股权结构的可行性。与此同时，双重股权结构能够保证创始人的控制权，可以有效抵御恶意收购风险，本书对此重点进行了阐述，为我国引入双重股权结构的可行性提供了充分依据。

之所以要引入双重股权结构，主要的作用是保障创始人和高级管理者的控制权，特殊表决权的价值就在于此，双重股权结构允许持有低表决权股票的股东出让部分表决权，是一种特殊的股权结构安排，体现了股东的个人财产处置权。改革开放以来，我国以市场为导向进行大刀阔斧的经济转型，在此基础上，市场将不断创造新的治理模式，从而能够更好地适应外部环境。引入双重股权结构以后，投资者是否愿意投资？股票的价格该如何确定？资本市场会合理地加以判断。市场中投资者对双重股权结构越来越关注本身就说明双重股权结构具备其他股权结构制度不具备的价值，是理性的市场行为。所以,本书关注的重心在于引入双重股权结构和我国当前法律制度中相冲突、相矛盾之处,之后再分析我国引入双重股权结构面临的挑战,存在哪些风险?基于以上分析,为我国引入双重股权结构提供有益的建议。接下来的章节将分析我国引入双重股权结构的制度设计与风险防范,以期为政策设计提供参考。

# 第5章

# 我国引入双重股权结构的风险识别

在我国现行市场经济条件下，引入双重股权结构还有一定障碍。由于双重股权结构制度的高低表决权设置，在一定程度上损害了中小投资者的权益，加大了代理成本。应该注意到，我国经济发展正由过去的高速发展阶段向高质量发展阶段转型，要实现高质量发展，必须破除制度性障碍，加大企业创新力度。因此，适度引入双重股权结构，使之适应中国土壤具有重要意义（刘宗锦，2015）。

双重股权结构在许多公司备受欢迎，能够解决现代企业多方面的问题，但不可否认的是，双重股权结构并不是十全十美的，现阶段仍然有诸多因素制约了双重股权结构的引入。双重股权结构本身仍存在着很多制度性障碍，这些障碍是我国资本市场主板当前还没正式引入双重股权结构的原因。

在我国，由于国内科技创新企业的蓬勃繁荣，相对稳定的控制权安排对科技创新企业的重要性显而易见，对双重股权结构引入的需求非常强烈，尤其是在阿里巴巴赴美上市后，对于此问题的探讨越来越激烈，国家接连出台相关制度（见表5-1），逐渐放松了对双重股权结构的管制。

**表5-1** 近几年国家出台的股权结构的重要事件相关政策

| 日期 | 政策 |
| --- | --- |
| 2018年9月18日 | 国务院出台《关于推动创新创业高质量发展打造"双创"升级版的意见》，正式允许科技企业实行同股不同权结构 |
| 2018年11月5日 | 国家主席习近平在首届中国国际进口博览会开幕式上宣布，将在上海证券交易所将设立科创板和试点注册制 |
| 2019年1月30日 | 证监会发布《关于在上海证券交易所设立科创板并试点注册制的实施意见》，强调科创板精准定位于"面向世界科技前沿、面向经济主战场、面向国家重大需求，主要服务于符合国家战略、突破关键核心技术、市场认可度高的科技创新企业。重点支持新一代信息技术、高端装备、新材料、新能源、节能环保以及生物医药等高新技术产业和战略性新兴产业" |
| 2019年3月1日 | 证监会发布了《科创板首次公开发行股票注册管理办法（试行）》；上交所发布了《上海证券交易所科创板股票上市规则》，对双层股权结构的设立和运作提出了相关要求。首次公开发行股票注册管理办法、上市公司持续监管办法，以及上市审核规则、发行与承销实施办法、股票上市规则、股票交易特别规定等一系列制度规则正式"落地"，科创板制度框架确立 |
| 2019年7月22日 | 科创板正式开市，首批25家科创企业当天集中上市 |

由于我国科创板引入双重股权制度的时间比较短，引入双重股权结构制度的相关配套措施还在不断完善过程中，如果不对双重股权结构的潜在风险加以重视，则很容易为企业的治理和长期稳定埋下隐患。

我们必须清醒地认识到，引入双重股权结构制度存在一定的风险，在引入过程中务必加以识别。

## 5.1 法理逻辑风险识别与防范

从法理逻辑方面梳理引入双重股权结构的风险。我国现行《公司法》限定了"一股一权"的公司股权设置，而双重股权结构的表决权设置打破了这种制度安排，挑战了科斯的产权理论。从19世纪开始，"一股一权"

成为公司治理的重要原则，成为观察公司所有权和控制权对称性的重要指标，能够集中反映法律法规对股东权益的保护程度。双重股权结构对科斯产权理论的冲击，引发了利益相关者对控股股东的行为担忧，对股东权益产生重大风险。同时，双重股权结构制度会增加企业的代理成本。伊斯特布鲁克与费希尔对代理成本理论与"一股一权"的原则进行研究发现，企业的剩余索取权应当与表决权互相匹配，不匹配的剩余索取权与表决权会滋生不必要的代理成本。从理性经济学人的角度出发，一股一权是最能符合股东与企业利益的经济安排，任何偏离这一原则的安排都可能形成代理成本（胡望斌等，2014）。

通过梳理我国有关股权结构的法律法规发现，我国现行《公司法》第一百二十六条规定，股份的发行，实行公平、公正的原则，同种类的每一股份应当具有同等权利。这句话就要求我国上市公司发行股票要遵守"一股一权，同股同权"的基本要求，而双重股权结构恰恰与这项要求相违背。当然现行《公司法》第一百三十一条也规定了，国务院可以对公司发行本法规定要求以外的其他种类的股份另行作出规定。从某种意义上说，我国一直都坚持公司股权结构应以同股同权为原则，却并未在法律上明确禁止采用其他股权结构，这也让双重股权结构引入我国留下了相应的发展空间。此外，现行《公司法》第四十二条还规定，股东会会议由股东按照出资比例行使表决权；但是，公司章程另有规定的除外。这也在很大程度上给予公司在股权制度上的自由选择权。

综上所述，我国现行《公司法》还没有将双重股权结构明确纳入股份有限公司的股权选择范畴，但公司可以选择其他渠道，如国务院另行规定，这也为我国上市公司的股权结构改革提供了很大空间。有学者认为，只有国务院通过相应政策，允许资本市场引入双重股权结构，这样双重股权结构才真正具备了合法性。将于 2024 年 7 月 1 日起施行的《公司法》（以下简称新《公司法》）放开了对股份有限公司引入双重股权结构的限制。

此外，涉及股权结构的法律体系的不完善是导致上市公司股权争议的主要因素。第一，现行《公司法》等法律体系并未明确控股股东的责任认定，如果控股股东的股票持有份额比较高，不会因股权稀释而丢失控制权，那么公司引入双重股权结构制度，即使再募集新股，控股股东的控制权不但不会降低，还很可能增强，因为双重股权结构制度下公司对于控股股东过于依赖，债权人、投资者、股东、公司的利益都依赖于控股股东，这对投资者或企业的债权人来说确实是一种不可避免的潜在风险，导致控股股东很可能滥用控制权，损害公司利益。假如因其行为导致公司资不抵债或破产，而控股股东又没有赔偿能力，则其他股东就会受到牵连，要为此承担损失，利益受损。第二，双重股权结构作为全新的股权制度，我国有关规定以及司法尚未形成体系，对股东的保护制度相对落后，一旦股东与公司产生法律纠纷，通常依赖于股东代表诉讼制度，由于控股股东或特别表决权股东绝对掌握公司决策权，这种单一、用时长的诉讼方式对于约束控股股东、保护普通股东权益很难快速起到作用。第三，"一股一权"是我国现行《公司法》明确规定的股权结构，虽然法律允许国务院可以对公司的股权结构制度制定相关政策，作出特殊规定，但到目前为止，国务院尚未作出特殊安排，并未对双重股权结构的引入发布另行规定。尽管2019年，中国证监会修订了《上市公司章程指引》，指出公司如采用了特别表决权，须在公司章程中明确特别表决权的内容，但是《上市公司章程指引》毕竟是行业规范，不具有强制执行力，更不能替代法律或者国务院发布的政策。

虽然我国境内 A 股科创板上市公司允许采用双重股权结构，但主板和创业板上市公司仍限制引入双重股权结构。这就无法避免会出现双重股权结构"无法可依"的局面，导致双重股权结构在企业实践中陷入尴尬境地。所以，我国引入双重股权结构存在法理逻辑风险。

### 5.1.1　法理逻辑风险的识别

从理论上分析引入双重股权结构的合理性和可行性，既能保障企业良好运行，又能完善股东权益保护措施。引入双重股权结构争议的焦点主要包括以下几个方面：（1）公司控制权的配置是否合理？（2）双重股权结构制度的运行是否有利于公司治理？（3）双重股权结构制度运行是否有利于公司效率提升？本书将从这三个方面评价制度的合理性及其风险。

### 5.1.1.1　双重股权制度的公平风险

双重股权结构最主要的特征就是利用契约来配置控制权，控制权配置是否损害了公众股东利益，产生不公平现象，受到业界和学术界的广泛关注。

1. 关于双重股权制度权利配置公平性的质疑

对双重股权结构持质疑态度的批评者认为其损害了"一股一权"原则，只有"一股一权"才是公平的股权配置方式。因为双重股权制度违反了比例原则，公司发行股票的种类与其权利不是通过法律形式来确定，而是通过契约。投资者的控制权以及财产权都由投资者自己协商确定，这些投资者权利既包括公司董事选举权，也包括公司重大事项批准权（罗培新，2015）。"一股一权"是以资本平等原则建立的股权配置方式，由于所有股东持有股票权利等同。这一股权制度被广泛认可和接受，被列为公司治理的基本原则，是"企业民主的体现，是企业资本民主、股东民主的必然要素"（张舫，2013）。

2. 双重股权制度控制权配置失衡

从股权公平的角度来看，"一股一权"被认为是公平的股权结构，双重股权结构被认为违背了股权公平的股权配置方式。质疑声主要在于双重股权结构致使双方的权利不平等，人为制造了不平等的股东权利配置。公司的创始人或高级管理者的股权配置的表决权要显著高于其他股东持有股权。控股股东虽然提供的资本只占小部分，但其拥有很大比例的表决权，从而实现对公司的控制。所以，从股权获取方式来看，同等数量股权获取表决权却不相等，违背了资本平等原则，从控制权配置来看，创始人或控股股东获取了与财产权不对等的控制权，违背了公平原则（Easterbrook，1983）。

### 5.1.1.2　双重股权制度的公平性论证

对于双重股权结构的质疑主要有两个方面值得商榷。第一，双重股权结构虽然违背了"一股一权"股权制度，与传统"一股一权"股权结构安排有差异，但假定"一股一权"股权结构具有公平性，仍然不能由于"一股一权能实现股东权利公平配置"就断定双重股权结构有失公平的结论。第二，不考虑企业实际情况，仅仅从控股股东和非控股股东股份的表决权差异判定双重股权结构违背公平原则是片面的，至少没有考虑非控股股东付出代价与控股股东付出代价的差异。因此，要分析双重股权结构的公平性问题，应该从制度本身出发，全面分析双重股权结构的运行机制（Mitu，2000）。

## 5.1.2　法理逻辑风险防范

### 5.1.2.1　双重股权结构境外立法考察

#### 1. 中国香港特别行政区

历史上，中国香港曾经引入过双重股权结构，但由于部分公司引入双重股权结构后出现了治理乱象，严重损害了投资者利益，影响到了资本市场发展，于是在 1989 年香港联交所修改了《主板证券上市规则》，规定在特殊情况之外港股上市公司不再允许引入双重股权结构。直到 2014 年因拒绝阿里巴巴集团上市而损失巨大利润后，港交所开始重新审视对待双重股权结构的态度。2018 年港交所发布 IPO 新规，允许采用双重股权结构的公司上市，但为了避免出现 20 世纪 80 年代之前引入双重股权结构的老问题，对采用双重股权结构的公司在准入门槛、信息强制披露和结构性限制方面做了硬性规定。

具体来说，公司以双重股权结构赴港申请上市须符合下列条件：（1）公司是创新产业公司，公司的主要活动是研究和开发，公司的成功运营有赖于其独特的核心业务或知识产权；（2）上市时公司要具有高市值或高无形资产，业务范围内取得一定的成功；（3）只有未上市的新公司可以申请使用双重股权结构；（4）个人作出了与公司业务成功有巨大关系的贡献；（5）公司采用双重股权结构时须得到投资者的认可（王桂英和乌日罕，2018）。

为保护在册股东的权利，港交所《主板上市规则》作出了一系列的规定：（1）特别表决权股的表决权以普通股的十倍为上限；（2）公司上市后不得提高特别表决权股的比例，不得再次发行新 B 股；（3）享有特别表决权的股东上市时合共持股必须在 10% 以上，但不超过 50%；（4）享有特别表决权的仅限于担任董事职务的个人，且对公司的持续发展要有重要贡献；（5）设置"日落条款"，当持有特别表决权的股东出现以下情形时，特别表决权将永久失效，具体情形如下：去世、丧失行为能力、不再作为公司董事、不再符合其身份的品格或诚信。而且如果特别表决权股票的实际收益拥有权转让给其他人员时，该股票的特别表决权立即失效，并按照 1∶1 的比率转换为普通股；（6）普通股股东合计至少拥有 10% 的股东大会表决权；（7）对于公司的重大事宜，如修订组织章程文件、委任及辞退独立非执行董事和核数师、任何类别股份所附带权利的变动及公司清算等，特别表决权利失效。

对于投资者利益的保护，《主板上市规则》也列明了相关的措施：（1）加强企业管理，设立企业管治委员会，其所组成人员须为非执行独立董事，以更好地监督享有特别表决权的股东。从首次发行日起公司须委任常设的合规顾问，就相关事宜及时且持续地咨询顾问的意见；（2）加强信息披露，发行人按《主板上市规则》规定刊发的所有上市文件、定期财务报告、通函、通知及公告的首页，都必须加入"具不同表决权控制的公司"等警示字句，且在文件的显眼位置须向投资者详细地阐述采用的不同表决权架构、采用的理由及潜在的风险，提醒投资者慎重考虑；

在上市文件、中期报告及年报中，明确指出特别表决权股持有者的身份、特别表决权股票转换为普通股产生的摊薄影响以及特别表决权失效的所有情况。同股不同权股票上市时，须在股份名称结尾标上以"W"作为标识。

港交所对于重新引入双重股权结构持有非常谨慎的态度，在《主板上市规则》中制定了尽可能详细的保护中小股东利益的措施，具有重要的借鉴意义。

2. 美国

当前，在美国公司采用双重股权结构是合法的，美国通过自由授权的立法模式加以规范。由隶属于全美律师协会商法部的公司法委员会以"一股一权"为基本原则起草修订了《标准商事公司法》。然而，该法并没有禁止公司引入双重股权结构，也没有制定其他限制性规定，各州可以根据实际状况和需求对双重股权结构立法，美国大多数州沿用此法，并将是否引入双重股权结构的权利还给了公司（张欣楚，2019）。

股票本身具备财产性，可以在市场自由地流通，为了更好地将复数表决权权利控制在公司管理层手中，在复数表决权股的流转上，美国上市公司也作出了较为严格的限制：（1）股东可以将复数表决权股票转换为低表决权普通股，并采取自愿原则，但低表决权普通股不能转换成复数表决权股；（2）股东将所持有的特别表决权股转让给他人时，该股份自动转换为普通股；（3）当特别表决权持有者死亡时，该股份自动转换为普通股；（4）部分公司对例外情况作出了规定，当转让对象为持有人的家庭成员、持有人所拥有的公司或其他商业实体、公司其他创始人股东、企业所控制的子公司等时，股份不受转换限制，其原因是，这些流转不会影响公司管理层对高表决权股票的控制。

在赋予公司极大自主选择权的同时，上市公司也需接受各州证券部门的监管。美国三大证券交易所都沿用了 19C-4 规则，不允许公司通过发行复数表决权股的方式减少、限制、剥夺在册股东的表决权，即一般只允许首次公开募股的公司发行复数表决权股，这是出于对股东既有表决权保护的考虑（张燕和邓峰，2019）。

美国采取自由授权模式的底气来源于其较为完善的配套措施，《标准商事公司法》中有如独立董事制度、集体诉讼制度、强制信息披露制度等能在一定程度上保护股东利益的规定，《证券交易法》中也提到"在证券交易市场中任何人在进行证券交易时禁止欺瞒或漏报与该交易有关的重大信息，更不允许从事其他诈骗行为，不论相关人员是直接还是间接都是违法的，必须承担民事或刑事法律责任"。在一定程度上，这项规定有利于抑制公司控制人的机会主义行为，降低控股股东侵害中小股东权益的风险。并且美国始终坚信市场这只"看不见的手"可以自己调整，认为经济主体享有较高的自主权将更有利于市场经济的繁荣发展。

3. 新加坡

世界上众多国家为吸引海外优质公司在本国上市纷纷引入了双重股权结构，为此，曾经坚持"一股一权"规则的新加坡在 2011 年修改了《公司法》，允许上市公司发行超级表决权股票，也可以发行无表决权股票。在经过调查后，大部分反馈者同意在施加一定保护措施的情况下引入双重股权结构：

（1）公司决定发行不同表决权股票时，其决定必须经公司 2/3 以上股东同意才能通过；（2）在公司进行破产决议或修改自己其他股权的决议时，持有无表决权股的股东与持有表决权股的股东一样享有表决权；（3）当公司发行的股份不止一种时，股东大会必须保证所有股份所享受的表决权（于莹和梁德东，2021）。经过两轮公开咨询，新加坡于 2014 年通过修改议案，允许发行不同类别股票，但最终是否允许上市交由新加坡证券交易所决定。

2016 年新加坡证券交易所发布上市咨询委员会报告，建议允许上市公司引入双重股权结构。但公司必须采取一系列公众股东的权益保护措施。2018 年新加坡证券交易所正式宣布允许采用双重股权结构的公司上市，但同时作出以下限制：

（1）只有适合采用双重股权结构的公司首次公开募股时允许采用双重

股权结构上市，该"适合"由交易所根据个案进行判断，不得多次发行特别表决权股；（2）超级表决权股发行须经过股东大会 2/3 以上投票通过，且在发行时确定持股人选；（3）超级表决权投票具体倍数在首次发行时即确定不可增加，且每股不得超过 10 票；（4）设置"日落条款"，如果股东出售超级表决权股票或者转让给获许持股人以外的人，持股者不得再担任资格董事，持有者接受并购或其他公司在章程中明确超级表决权丧失的情形，公司上市若干年后，所有超级表决权股将被转换为普通股；（5）涉及公司的重大决策，如公司章程、公司重要组织变更、每一类别股票的权利变更和独立董事及审计机构的任免的重要事项表决时所有股东均可参与，采取"一股一权"原则；（6）合共持有 10% 以上普通股的股东有权要求召开股东大会，在任意股东大会上须保证普通股股东拥有至少 10% 的票数；（7）采用了双重股权结构的公司在招股说明书等其他上市文件中必须在显著位置标注公司类型，标注为什么采用双重股权结构，双重股权结构的具体情况、存在的风险、对公司普通股有哪些影响、公司章程中有关双重股权结构的规定和持有特别表决权的股东信息等，提醒投资者谨慎思考（李鸿渐和张辉，2021）。新加坡对于公众投资者的保护措施与中国香港的保护措施存在许多相同之处。

上述国家和地区接纳双重股权结构的过程并不是一帆风顺的，但最终还是顺应了市场的自主选择，并将对双重股权结构的担心转化成约束的法律条文，降低了引入双重股权结构的风险，保护了中小股东的权益。

### 5.1.2.2　完善建议

对比中国境内各证券交易所的上市规则与中国香港、美国、新加坡的证券交易所的规定，可以看出它们一般都在特别表决权的发行时间、表决倍数、持股主体、持股比例、交易流转等方面进行了规定，中国境内上市公司的相关规定还有需要完善的地方，在引入双重股权结构时，应借鉴境外的成功经验对中国境内双重股权结构的制度设计进行完善。

"日落条款"是指法律或合约中某些条文的终止生效日期，当触发到"日落条款"中预设的条件，该部分条文效力将终止。目前我国境内证券交易所的上市规则中规定的"日落条款"有持股比例不符合法定最低标准的持股比例型"日落条款"和股份转让、持股股东死亡、离任等情况的事件型"日落条款"，但并没有像新加坡一样引入了期限型"日落条款"。事件型"日落条款"具有很强的不确定性，只有在极端情况下才会发生。而在创始人度过了青壮年期，不再有充沛的精力和紧跟时代发展的眼光时，以目前的上市规则难以因为公司业绩变差而变更控制人，其他股东也难以维护自身的权益。

双重股权结构的制度风险和代理成本随着时间而增加，引入期限型"日落条款"是关键的一环（王斌和刘一寒，2019）。有观点认为如果强制设置时间"日落条款"后，不满足创始人股东的最佳利益，创始人会将企业推向其他证券交易所，但若将时间日落作为公司的自治安排，恐怕鲜少有公司自愿设置，难以发挥其作用（沈朝晖，2020）。

时间"日落条款"的关键就是时长的设置，创始人希望尽可能长时间地控制公司，普通股东希望尽可能多地获取利益，固定时间的"日落条款"显然不是最好的选择。我国境内科创板可以在引入时间"日落条款"的同时，将日落期限的设置交给公司，公司根据各个行业的市场和特点，经由股东大会讨论，在上市的同时为特别表决权设置一个科学的"日落条款"。到了后期若创始人还表现出优秀的能力，并且股东对公司的发展满意的话，可以通过股东大会"一股一权"的投票适当调整"日落条款"。上市时的时间限制并不意味着公司到期就易主，不会让创始人在临近规定时间时就懈怠工作，相反，能激励他们更积极地带领公司创造业绩以赢得其他股东的认可，即便是创始人的能力不足，在一定时间后召开股东大会，选举出公司新的领头人，也能较好地保护公司中小股东的利益（Lucian，2019）。

## 5.2　财产权和控制权的分离带来的
## 利益冲突风险识别与防范

### 5.2.1　利益冲突风险

公司引入双重股权结构，存在两类代理成本，一是股权代理成本；二是债权代理成本。在股权代理成本中，又存在股东与管理层之间的第一类代理成本和高表决权与低表决权之间的第二类代理成本两种。债权代理成本就是股东与债权人之间的代理成本。由于公司引入了双重股权结构，不同类别股票含有不同表决权，分别为高表决权股票与低表决权股票，导致了公司财产权与控制权分离的情况。高表决权股东用超级表决权实现了以较低股份（较低资产投入）获得更多控制权的目的，低表决权股东则无法控制公司。所以，成本是由高表决权股东作出决策由所有股东按照股权比例进行分摊，高表决权股东会趋于自己的利益作出不利于低表决权股东的决策，由此产生了第二类代理成本。

在首次公开募股后，随着时间流逝，双重股权结构的潜在优势（如创始人的卓越领导才能所带来的优势）往往会趋于下降，而潜在成本趋于上升。其中的潜在成本指的就是第二类代理成本（Paul，2006）。在双重股权结构下，如果公司的第二类代理成本增加，可能的具体原因有两个：首先，在变化、不稳定的商业环境中，即使是在首次公开募股时最合适领导公司的创始人，也有可能因为公司所处商业环境的变化沦为劣质领导者，由于这种风险的存在，导致公司创始人掌握终身控制权的预期成本增加。事实上，当创始人在首次公开募股时还处于年轻甚至中年的阶段时，终身控制权预期产生的成本可能会特别大。随着公司继续发展，当双重股权结构将创始人的控制权转移给可能不适合领导公司的继承人时，进一步加深了其他股东对其领导能力的担忧。此外，许多双重股权结构的控制者可以在不放弃控制权的情况下，在一段时间内大幅减少其股权资本的比例，而控制者通常这样做是为了使其持股多样化或为其他投资或资产融资。当控制者的利益与公众投资者的利益之间产生的冲突随时间推移而增加时，双重股权结构的代理成本也会随之增加。

### 5.2.2  完善建议

从根源上解决代理问题，首先要关注在双重股权结构下为什么出现代理问题。不论是高表决权股票还是低表决权股票，持有人都是公司的股东，都是公司的代理人。作为理性经济人，在公司内部其会按照各自利益最大化进行决策。究其原因，代理问题的产生根源在于代理人的道德风险，还有更重要的原因是代理人决策的不完全可观察性。代理理论包括"委托—代理"和"实证主义代理"理论，前者在若干既定的假设前提下，经过逻辑推演与数理证明，寻找最优契约；后者则多数以特定案例作为实证研究对象，重点探讨公司的代理双方的目标冲突以及在何种情形下产生，以及如何改进公司治理机制从而缓解代理人的道德风险决策，降低代理成本。艾森哈特（Eisenhardt，1989）认为现代公司代理问题的影响因素有以下两点：（1）公司的委托人与代理人以及不同的代理人之间的目标不一致；（2）委托人掌握不了代理人的行为或者了解过程的成本过高。

因为双重股权结构制度自身特点无法降低投资者、股东、公司对于控股股东的依赖性，所以必须在法律法规中对双重股权结构制度下控股股东的责任进行明确规定，建立健全完善的投资者保护机制，起到法律教育、引导、警示等作用。与此同时，不能过度扩大控股股东承担责任的范围，也不能提出不合理要求打击企业适用双重股权结构制度的积极性，要保证每一个股东、投资者的合法权益受到公平对待，作为限制表决权的补偿赋予普通股股东更多财产类权利，如无表决权或限制表决权股东优先分红、优先分配剩余财产，较少承担经济责任等，从更多方面保护普通股股东的权益，严格要求但不能过度让控股股东承担责任。这不仅能促进管理者与普通股东的平等，同时也能使得管理者在公司经营管理中更加小心谨慎，有利于公司的稳定发展。

此外，在双重股权结构的公司中，公司要告知投资者双重股权结构的风险，以保障投资者的利益。在采用双重股权结构企业的管理层和普通股东之间建立起一种类似违约金的制度，企业管理层要为自己不理智的投资行为负责，从而提高管理层决策的合理性，防止管理层滥用双重股权结构所赋予的控制权损害公司和中小股东的利益（蒋学跃，2014）。

## 5.3　为创始人提供永久甚至终身控制权的治理风险识别与防范

双重股权结构在企业上市和首轮融资等许多情况下是具有优势的，但也应该认识到为创始人提供永久甚至终身控制权后，此优势存在可能随着时间的推移而下降甚至消失的巨大风险（Lucian，2019）。当中国资本市场还在了解、观望双重股权结构时，2017 年美国手机聊天服务软件 Snapchat 的母公司 Snap 公司在纽交所上市，而且引入了三重股权结构，成为世界范围内第一家发行三重股权结构的公司。当然，三重股权结构与双重股权结构非常相似。具体来说，Snap 公司发行的股票分为三类，A 类股票的股东没有表决权，B 类股票每一份含有一份表决权，C 类股票每份拥有十份表决权。两位联合创始人埃文·斯皮格尔（Evan Spiegel，2014 年成为世界最年轻亿万富翁）和鲍比·墨菲（Bobby Murphy）持有 43.6% 的 A 类股，并分享全部 C 类股，合计拥有 Snap 公司 88.6% 的表决权，能够终身控制 Snap。上市时他们的年龄分别是 26 岁和 28 岁，预计联合创始人保持控制权的期限可能持续 50 年甚至更长时间。

公众投资者可能会支持并满足于埃文·斯皮格尔和鲍比·墨菲在首次公开募股后的几年时间内掌权，他们两位创始人被其他股东视为能够对一家市值近 240 亿美元的公司负责。Snap 作为独角兽公司在市场上有发展潜力，能够承诺实现强劲的增长，并为投资者带来潜在的高投资回报率。然而 Snap 在科技领域面临着来自脸谱的激烈竞争，2017 年上市后，软件改版遭到了强烈抵触。Snap 的日活用户数从 2017 年第四季度的 890 万降至 2018 年第一季度的 400 万，减少了一半以上，并且是发生在 Snap 最有价值的北美市场。即使 Snap 联合创始人拥有独特的才能和远见卓识，使其成为迄今为止领导公司的最佳人选，也很难确定他们会继续成为未来发展中的领导者。科技创新领域充满变化，具有颠覆性的创新和快速的变革步伐，曾经成功的创始人在领导公司多年后，很可能失去他们的辉煌。因此，在公司上市时成为出色领导者的个人可能会在今后作出不合时宜的关键决策甚至错误的选择。随着距离首次公开募股时间的增加，Snap 的资本风险也在随之增加，创始人终身锁定控制权也会带来代价较高的治理风险。

类似地，双重股权结构也可能引发无论公司经营好坏、控制权都会长期牢固掌握在创始人手里的问题。所以不少学者将讨论重点放在了是否赞同有限制期限的双重股权结构上，同时主张引入具有特别表决权期限（如 10 年或 15 年）的"日落条款"，除非其延期得到与控制权股东无关的股东的批准，否则就此失效。"日落条款"可以作为保护中小股东权利的"护城河"，以此降低创始人股东永久甚至终身掌握公司控制权的风险。

## 5.4 双重股权结构下中小股东权益面临的风险识别与防范

### 5.4.1 双重股权结构下中小股权权益面临的风险

#### 5.4.1.1 中小股东失去话语权

投票表决权是股东的基本权利，也是体现股东立场和维护股东利益的重要手段，股东可通过表决权的行使，进行内心需求和愿望的表达，依据出席股东大会股东的投票比例又可将股东的意愿上升为公司的决定。而双重股权结构打破了出资额与表决权相匹配的原则，2020 年京东向港交所递交的聆讯资料显示，创始人刘强东仅持股 15.1%，却享有 78.4% 的表决权，远远超过半数，即使是占股比最大的股东腾讯也仅有 4.6% 的表决权，也就是说，刘强东几乎可以不顾及其他股东的意见，自行作出决策。

中小股东虽然数量多、分布广、持股数量少、表决权占比低，但参与公司治理仍是他们的基本权利。引入双重股权结构以后，压缩了中小股东的话语权，本来持股数量就不占优势，由于表决权份额的巨大差异，中小股东即使积极参与公司治理，但是在公司重大问题决策上他们对表决结果的影响微乎其微。尤其是在控股股东信息披露不完全的影响下，他们容易投出不理性、不符合自身利益的一票（吴术豪，2020）。股东大会最终只是流于形式，久而久之其他股东表达意见的积极性也会下降，慢慢放弃自己表决权的使用，最后公司的一些决策可能会在中小股东完全不知情的情况下而作出。

传统股权结构下，"一股一权"的原则使得普通股东与管理层有着相同的表决权，普通股东参与公司管理的积极性很高。而在双重股权结构下，普通股东的表决权只有管理层的几分之一甚至是几十分之一。因此，在公司重大事务的决策上，普通股东发挥的作用非常有限，严重损害了普通股东参与公司管理的积极性，是不平等、不民主的。双重股权结构使得管理层在面对普通股东时有着绝对的底气，因为相比其对公司的绝对控制权，普通股东的表决权不值 提，管理层或者创始股东无论何种姿态都掌握着绝对的导向性决策权，普通股东权益的风险增加（王骜然和胡波，2018）。

双重股权结构公司因为其独特的股权结构，极易导致中小股东的权利受损，使得中小股东对公司的治理没有参与感，与公司的民主相违背，不利于公司资本的稳定，同时这种情况极易造成中小股东在公司的管理表决中采取敷衍的态度。当前我国信息披露机制、中小股东权利救济机制并不完善，这种不平衡不完善的制度配置在一定程度上会使中小股东的权益被忽略或漠视，使中小股东的权益在受到侵害时难以被救济，进而加大了中小投资者利益受到侵害的概率（张横峰和邱晨怡，2018）。

在股票市场中，中小股东是参与股票交易规模最大的群体。公司的稳定发展离不开中小股东对公司的支持和信任，双重股权结构下的中小股东权利受损，势必会引发公司资本的波动，从而给公司的发展带来风险。

### 5.4.1.2 高表决权股持有者滥用权利

双重股权结构会带来道德风险问题，加剧大股东侵害中小股东利益的"隧道挖掘"行为的发生。现代企业制度中，财产权与制度权分离是企业制度的基本原则。在这种基本制度下，单个小股东可能会"搭便车"，使公司治理产生无效率的现象。当企业各股东基于各自利益行动时，若利益与相对的风险不匹配，大股东往往会采取相对低效率的决策，从而伤害到中小股东的利益而造成代理成本的问题，大股东的"隧道挖掘"行为一直以来都是公司治理领域关注的重要问题之一。在双重股权结构制度下，股东对企业控制权与剩余索取权不是一一匹配，拥有表决权的大股东拥有股东大会上更多的决策权，此时大股东追求的利益可能与中小股东相背离，大股东为实现自身利益会造成企业"隧道挖掘"行为的发生。因此，"一股一权"的股权结构设计保证了股东对企业的控制权与剩余索取权之间的匹配。如果偏离这一原则，相应的代理成本会随着控制权与剩余索取权之间差异的增大而提高，大股东侵害中小股东利益的道德风险问题会更加严重（卢遥等，2020）。

在双重股权结构情况下，虽然两类股权的表决权相差甚远，但每股所获得的收益是一样的。以京东为例，虽然刘强东掌握绝对话语权，为公司治理倾尽心血，但在股利分配上持股17.8%的腾讯分得的利润会更多。

一般情形下，拥有高表决权的股东同时也是公司的高级管理人员，但因为其掌握的股份并不多，所以跟公司的经济利益关联度不高。所以，当拥有特别表决权的股东利益与公司整体利益相冲突时，控股股东有可能会作出牺牲公司利益来谋取控制权私有收益的决定：（1）通过给高级管理层增加工资、奖金，或是提高管理层补贴标准、福利待遇等来消耗公司的盈利、增加自己的收入；（2）利用职权干预员工的录取、晋升，以此来收受贿赂或者为自己关系好的员工行方便；（3）在选择合作商时可以通过不公平、不正当、不道德、不合法的方式和与自己有实际利益关系的一方签订合同，通过高价买入或是低价卖出实现公司财产的转移；（4）通过与其他公司的借贷和担保关系实现利益输送等。

掌握特别表决权股的公司高层比其他中小股东更加了解公司的经营信息和经营状态，也可以决定公司的发展方向，当他们存在道德问题、经受不住利益诱惑时，高表决权为他们掏空公司提供了便利，也成为中小股东利益受损的风险所在。

### 5.4.1.3　表决权与收益权不成比例而增加投资风险

在双重股权结构中，因为特别表决权股的表决权高，用数量不多的股份就可以掌握公司的控制权，因此公司发行的特别表决权股数量一般不多，所占的比例一般也比普通股小得多。创始人出资比例小，股利分配少，但是公司发生亏损时他们的经济损失也少；而在公司决策中，虽然普通股股东付出的资本很多，但因为其持有的是普通股，话语权很小。创始人和普通股股东双方的表决权与收益权不成比例，使得创始人在公司治理中决策成本很低。

创始团队的决策能力对公司的发展非常重要，尤其是科技创新企业，在很人程度上其决定了公司未来发展（李抔非和张宏，2020）。而创始人的股权比例低于公司治理的临界点将意味着难以用创始人利益和公司利益的关联约束其作出客观公正的判断（Levie，2010）。当企业控制人执意作出高风险的决策时，风险和责任更多地转嫁到其他并没有参与决策的股东身上，一旦发生亏损时他们的利益损失更大，造成的后果将是普通股股东为特别表决权股东的决策失败买单（Demsetz，1985）。

### 5.4.1.4　可能导致内外部监督机制失效

芝加哥大学法学院教授费希尔认为，一旦公司股东的表决权与剩余索取权不一致，那么股东就没有办法通过自身努力获取与其表决权对等的收益份额，因而会使他们无法作出正确的选择。这种背离往往会使管理者作出不利于公司的决策，当公司的管理者的某些决策不合逻辑，或者有失公允，存在利益输送，侵害了公司其他利益相关者的合法利益时，由于公司的高低表决权制度，中小股东也没有办法选举能够代表自身意愿的董事进入董事会，此时，对控股股东或管理层的管理和经营行为起不到好的监督作用，虽然董事会有独立董事，但独立董事也可能因为其他原因而不能作出恰当决策（Porta，1998；Fan，2002）。

股东大会是股份公司的最高权力机构，常设权力机构董事会、常设监督机构监事会和负责日常经营管理的管理层都由股东大会选出，当有绝对话语权的股东存在时，相当于可以凭自己的喜好左右董事会、监事会、管理层的人选，中小股东没有权力选举代表自己意愿与利益的董事，使得股东大会名存实亡。当董事会、监事会、管理层的人选都被内部决定之后，高级管理团队便形成了一个利益共同体，其实际的内部监督效果大大降低（Masulis et al.，2009）。监事会难以对异常的经营情况和董事会不合理的决策提出异议，当管理团队不对中小股东进行完全的、真实的、及时的信息披露时，中小股东就更难维护自己的利益了。

经济学理论认为只有将收益与控制结合在一起，才能使投资者高效率地促进公司经营，公司才能高效率地创造财富。双重股权结构扩大了收益权与表决权的背离程度，高层管理者利用自己的表决权控制了公司的决策机构和执行机构，中小股东由于表决权很小，在实践中无法对控股股东实现有效监督，内部监督失效。

实务中，一旦公司经营管理不善，股价在很长一段时间都呈低迷状态，公司就很可能会成为敌意收购的目标，因此公司高级管理层迫于收购压力，会尽力改善公司的经营状况，为其他股东带来收益，这是控制权市场对公司管理层起到的外部监督作用，这也是市场对创始人和高级管理者的约束和监督。但是，如果公司引入了双重股权结构，外部股东收购不到 B 类股票，只能收购 A 类股票，而 A 类股票表决权太少，公司在二级市场上交易的是仅有低表决权的普通股，对公司无法造成收购威胁，管理层的地位难以撼动，公司外部市场监督机制的作用将大打折扣。要想达到收购目标，付出的代价极大，甚至不可能完成收购，在这种压力下收购方往往会放弃收购。此时，公司的外部监督也失效。

这样一来，在公司内外部监督机制都失效的情况下，管理层的行为得不到有效监督，极易引起公司内部混乱，导致公司发展受阻。双重股权结构的突出风险是表决权和收益权不成比例而带来的中小股东权益保护风险，但这些风险并非不可控。我们所要做的就是通过一系列制度设计把控风险，同时发挥双重股权结构的优势，在二者中寻求平衡。

## 5.4.2 风险防范措施

2019 年上交所科创板正式引入差异化表决权的双重股权结构后，就开始有计划地建立和完善相关基础制度和配套措施，但就目前情况来看，《上海证券交易所科创板股票上市规则》（以下简称《科创板上市规则》）的主要目的还是在事前保护的法律规定下制定的，但尚未从双重股权结构本身着手预防相关风险，从而更多保护中小股东的权益。

### 5.4.2.1 特别表决权设置门槛

《科创板上市规则》2.1.4 中要求，发行特别表决权的企业有一定的市值及财务指标标准，预计市值不得低于 100 亿元，或者预计市值并不低于 50 亿元且最近一年营业收入不低于 5 亿元，适用于科技独角兽企业。《科创板上市规则》4.5.2 规定只有首次公开募股的企业可以采用双重股权结构上市，且该决定须经出席股东大会的股东所持表决权的 2/3 以上通过，已上市企业不得以任何形式发行特别表决权股以稀释在册股东权利。

《科创板上市规则》4.5.4 规定上市公司章程应该明确规定特别表决权股份的表决权数量，并以普通股份表决权数量的 10 倍为上限，避免出现话语权严重失衡的情况。除了表决权以外，普通股与特别表决权股所具有的其他股东权利一致。

### 5.4.2.2　限制高表决权持有资格

《科创板上市规则》4.5.3 中对特别表决权股进行了持有身份和股份比例的双重限制，一是持有者应任公司董事并且为公司作出巨大贡献，二是持有特别表决权股份的股东拥有权益的股份合计要超过公司所有已发行表决权股份的 10%。同时，公司应保证普通股的表决权比例不低于 10%。这样的限制既体现了双重股权结构的初衷，保持了创始人的工作热情，也避免了创始人以极少的资本控制公司可能导致的以公司利益换取私人利益的情况。

### 5.4.2.3　限制交易和转让

按照《科创板上市规则》规定，特别表决权股份不允许在二级市场中进行交易，在发生以下情况时，特别表决权股份按照 1∶1 的比例自动转换为普通股：（1）持有者不再担任董事、丧失履职能力或死亡；（2）实际持有者失去对相关持股主体的实际控制；（3）持有者将特别表决权股转让给他人或委托他人行使；（4）公司的控制权发生改变。双重股权结构的重要特征就是保证创始人的控制权，当创始人不再持有该特别表决权股时，特别表决权应当失去效力，持有者不得通过特别表决权股的交易获得溢价，外部投资者也不能通过购入特别表决权股获得公司控制权。

### 5.4.2.4　限制表决事项

《科创板上市规则》4.5.7 中规定公司合共拥有 10% 以上股份的股东有权提议召开临时股东大会，合共拥有 3% 以上股份的股东有权提出股东大会议案。《科创板上市规则》4.5.10 中规定，在涉及全体股东利益的重大决议事项如修改公司章程，改变特别表决权股份所享有的表决权数量，聘任或解聘独立董事及会计师事务所,公司合并、拆分、解散或者形式变更时,特别表决权股与普通股享有同等的一股一票表决权。

#### 5.4.2.5 特别表决权行使接受监督

《科创板上市规则》要求公司应在上市文件中需对双重股权结构情况、相关风险、特别表决权股持有人信息进行详细充分地说明,在定期报告中说明该报告期内表决权差异安排的实施和变化情况,当特别表决权股发生转换时,上市公司应该及时对相关信息进行披露。同时特别表决权的行使受到公司监事会以及上海证券交易所的监管,当持有者滥用特别表决权损害其他股东合法权益时,监事会应当在年度报告中进行披露并给出专项意见,上海证券交易所有权要求股东予以改正。

## 5.5 我国引入双重股权结构的风险预警体系

相比"一股一权"的股权结构,双重股权结构的高低表决权设置,有其特殊性,也可能爆发更多的代理冲突。在可能出现的风险面前,公司采用双重股权结构的同时,务必要加强配套体系建设,完善相应的制衡机制(Alchian,1969;Yin,1994)。对于不同利益相关者之间的利益冲突,结合各自特征,本书构建了相应的平衡机制。

### 5.5.1 风险预警机制设计注重原则

#### 5.5.1.1 知情权的保护:强制性信息披露

公司采用了双重股权结构,公众投资者之所以对自身权益受到侵害格外关切,主要是源于公众投资者的信息弱势,一方面,公众投资者可能不太清楚双重股权结构的含义以及双重股权结构究竟如何设计;另一方面,即使公众投资者知道公司在双重股权结构制度下如何进行表决，也可能不熟悉此种股权结构对自身利益和公司利益有何影响。尤其是公司的个人投资者，由于身处弱势地位，经常在投资之后才逐渐明白高低表决权的实际意义，然后产生强烈的被欺骗和不公平的感觉，在此情形下，又进一步加剧了控股股东与公众股东的利益冲突。因此，有必要建立和完善采用双重股权结构公司的强制信息披露制度，尽可能消除公众投资者在信息获取方面的劣势局面。

总体来说，采用双重股权结构的公司信息披露应该包含以下内容：

1. 采用双重股权结构的必要性

为什么要采用双重股权结构？现行《公司法》规定股份有限公司应该采用"一股一权"的制度，那么公司为何要突破这一要求而采用双重股权结构。当然，一般而言，公司采用双重股权结构的目的是为了保障创始人的控制权，当然因为公司情况各有不同，具体原因也有差别。在公司对外披露的信息中，需要对外披露公司采用双重股权结构的具体原因、详细设计方案、股权结构的发展历程、双重股权结构是否是公司的唯一选择等信息内容。

2. 双重股权结构的具体条款设计

引入双重股权结构以后，公司必须设计详细的双重股权结构的具体条款。公司可以根据自己的需求，对双重股权结构的 A 类股和 B 类股加以限定，如 A 类股和 B 类股的表决权份额，创始人的特权，以及公司采取的哪种机制，还有很重要的一点，即双重股权结构的退出机制。

3. 双重股权结构对公众投资者的影响

我国引入双重股权结构制度是在新经济形势下的一种突破与创新，双重股权结构的采用能在保持创始人控制权的情况下为公司筹集资金，对科技创新型企业的发展意义重大（Bagwell，1991；Blair，1995）。公众股东让渡表决权体现出对创始人股东的信任，却也成为自身利益被侵害的巨大风险所在。因此，保护中小股东权益是我国引入双重股权结构是否成功的关键要素。

引入双重股权结构，对公众投资者意味着什么？究竟产生什么影响？如果仅仅是通过公司的条款设计很难准确把握。但是引入双重股权结构之后对公众股东产生的影响以及公众投资者的利益能不能得到保障，这些因素都会直接影响公众投资者的投资意愿。

### 5.5.1.2　限制权利原则：表决权限制

引入双重股权结构的主要目的是保障创始人的控制权，但这会引发其他问题，比如表决权集中，权力集中就可能引发高表决权持有人的机会主义行为。所以，在制定双重股权结构条款时，就不能只是考虑要保留创始人的人力资本，还应考虑创始人持有表决权的绝对权力。如果没有对超级表决权的限制，双重股权结构的引入很可能会成为创始人和高级管理者的利益输送工具。所以，在引入双重股权结构时，必须对超级表决权设定限制条款，比如高低表决权差距不能超过多少倍，且不得超过总表决权的多少，只有通过这种条款设置，才能防范创始人和高级管理者的专制行为和利益侵占行为。

## 5.5.2　风险预警机制

双重股权结构切实解决了公司上市融资与保障创始人控制权的矛盾，还能有效预防敌意收购，因此，从这个层面上来讲有利于公司可持续发展，有利于资本市场的稳定发展，这也是西方国家双重股权结构运行多年的宝贵经验。但是，双重股权结构在西方国家运行 100 多年，也带来很多负面效应，要充分发挥其制度优势，就必须提供制度保障，建立好风险预警机制。

### 5.5.2.1　法理逻辑风险预警

1. 我国引入双重股权结构面临的理论风险

由于发行股票含有不同的表决权，双层股权结构与传统的"一股一权"原则相冲突，"一股一权"原则是指每股享有一份表决权，不允许一股享有多份表决权的情况发生，禁止公司在制度上限制或扩大股份的表决权，也被视作是股权平等原则的体现。相比之下，双重股权结构的最重要特点是赋予 B 类股票的多数表决权，当然也可以只限制 A 类股票的表决权，其效果一样，导致出资额相等的股东表决权不同，地位也不同。"一股一权"是我国现行《公司法》的基本原则，理论基础深厚，在公司治理领域深入人心，双重股权结构打破了传统公司法的"一股一权"原则，被学术界和实务界众多人看作是对股东平等规则的破坏。不利于对公众股东利益的保护。"一股一权"原则的支持者认为，在"一股一权"原则下，每份股票代表一份表决权，股东权利平等，因此"一股一权"原则有利于维护股东表决权和股东收益权的比例关系，督促公司建设良好的约束机制，实现公司可持续发展，达到投资者可持续投资的目的。

相比较于双重股权结构，"一股一权"制度有利于对股东利益的保护，降低代理成本。当前，在我国占据主体地位的仍然是"一股一权"的股权制度，如何提高学术界和社会大众对双重股权结构的认知，如何对双重股权结构进行设计，如何保障公众股东权益是我国引入双重股权结构的理论障碍。

由于支持"一股一权"原则的理论基础是股东平等。但要注意到，平等是相对的，每份股票享有的表决权看似平等，但对创始人而言，公司上市后股权被稀释，面临被恶意收购的风险，从这方面看这似乎又不平等了。因此，在进行股权结构设计时，不能只看形式上的平等，更要看重实质上的平等，特别是在当前需求多元化的资本市场，股东表决权也应该多元化，由市场进行选择，满足不同股东的需求，市场理应尊重股东在享有权利上的合理区别。

当前，我国现行《公司法》要求公司同时发行的股票每股价格必须相等，不应有差别，而且每一份股票享有一份表决权，公司实现利润之后，股东分享红利以及剩余财产按所持份额严格执行。然而，股份数额形式上的平等就真正做到了股东平等吗？假如有股东希望放弃一部分表决权，以此换取在股利分配时的优先地位，或者公司发行价格比普通股价格更低的股票但限制部分表决权这是否也体现了公平原则？公司股东可以分类为投资性股东与经营性股东，经营性股东参与公司的经营管理，而投资性股东则不参与（Kang，1999；Milgrom，1992）。假如分配给投资性股东和经营性股东同等的表决权，但投资性股东由于股份有限或其他原因并没有真正行使权利，这是否可视为不平等？所以，寻求每份股票表决权的等同并不是股东权利事实上的平等，只是形式上的平等。双重股权结构的制度设计，形式上看似不平等，但却综合考虑了各方利益诉求，各取所需，真正实现了股东平等的核心含义。

理论上，股票被区分为不同种类，针对不同种类股票，价格不同，规则也不同，针对同类股票设计相同规则，价格也相等。针对不同种类股票，注重实质平等，依据同股不同权原则，但同种类股票则寻求形式平等，依据同股同权原则。此类设计相较于股东权利形式上的平等更灵活、更有价值、更能获得投资者的认可。在制度设计时不能只注重形式平等而忽略实质平等，此外，公司法是私法范畴，应该留一定空间给股东，允许股东通过契约自由协商确定股权结构，双重股权结构就是股东自由协商确定的股权结构安排（Miller，1996）。

## 2. 我国引入双重股权结构面临的法律风险

现行《公司法》的第三十四条允许公司在制定章程时对股东权利自由设计，在公司分配红利时，公司股东依据实际缴纳的出资额和出资比进行分配；公司增资扩股时，原股东有优先权，优先依照原持股比认购新股，以保障其表决权。不过，如所有股东协商好不依照出资比分配红利或不依照出资比认购新股的可以另行约定。故在有限责任公司，双重股权结构不存在法律障碍。但是，在股份有限公司，我国现行《公司法》的规定则有点模糊，现行《公司法》规定在股份有限公司每股享有一份表决权，而且同种类股票享受同等权利。但现行《公司法》第四十二条规定了公司章程另行约定的，股东可以不按出资比例进行表决。

我们根据国务院发布的相关政策文件分析引入双重股权结构的价值。2013 年国务院印发《关于开展优先股试点的指导意见》，开始探索优先股的试点；2014 年国务院办公厅发布《关于印发文化体制改革中经营性文化事业单位转制为企业和进一步支持文化企业发展两个规定的通知》，开始在国有传媒业试点特殊管理股制度，重点要在管理方面强调特殊性，这都是国务院对股权结构改革的探索工作。另外，我国资本市场建立了很多制度规范，相关的配套措施已经较为完备，对维护我国资本市场的健康稳定发展起着重要作用，但是也存在一些问题，在我国引入双重股权结构以后，目前存在的问题可能会更加突出，还可能会引发新的问题，例如，持有无表决权股票的股东和低表决权股票的股东权益如何保护、对持有超级表决权股票股东的决策如何进行监督等。因此，在引入双重股权结构后，对以上问题要进行充分论证，相关的配套制度必须完善，法理障碍务必要清除。第一，引入双重股权结构的目的是保障创始人或高级管理层的控制权，在公司增资扩股后不丢失其控制地位，但这也导致创始人或高级管理层道德风险增加。为了监督创始人和高级管理层的行为，应加大企业信息披露监管力度，完善信息披露制度，从而保障公众股东对公司信息的知情权。第二，还要在制度建设上对创始人和高级管理层设置相应的约束机制，从而实现对其高表决权的制衡。虽然目前我国科创板允许采用双重股权结构的公司上市，但还没有推广至整个资本市场，此外，由于发展时间短，配套设施仍不完善，在权力制衡机制方面仍显不足，这不利于真正发挥双重股权结构的价值。第三，引入双重股权结构以后，公众股东的表决权被压缩了，因此，如何通过外部法律完善保护公众股东的利益是重中之重，切实缓解公司的控制权人与公众股东的利益冲突。在美国，双重股权结构经历了很长时间的讨论，其间争议也比较大，最终引入了双重股权结构，与其相对健全的中小股东权益保护政策以及中小股东利益受到侵害之后的救济制度有很大关联。因此，我国引入双重股权结构后务必要完善中小股东权益保护与救济制度，从法理层面提供制度保障。

### 5.5.2.2　道德风险预警机制

**1. 道德风险**

在公司内部，控制权人能掌握完整信息，由于信息不对称的存在，创始人或高级管理层可能会作出不利于公众股东利益的决策行为，即道德风险。在公司引入双重股权结构以后，创始人或高级管理层拥有更高的表决权，实施道德风险的可能性更大，有可能利用高表决权的特殊地位作出损害公众股东利益的行为，即"隧道挖掘"行为。

**2. 道德风险预警**

在公司内部设置制衡机制从而预防道德风险，从公司内部治理角度来为双重股权结构制度提供制度保障，特别要注重公司组织结构设置的合理性，系统是否完善。公司引入双重股权结构以后，创始人利用高表决权股票获得了公司的控制权，但由于其持有股份与其表决权份额并不相等，形成了权利与利益分配的不匹配，因此，如果创始人或高级管理层滥用控制权，其损失却是由公众股东共同承担。所以，公司引入双重股权结构，应该从组织结构入手，在设立监事会和内部审计部门的基础上，赋予其更多监督权限，适当提高独立董事在董事会的比例，切实发挥独立董事作用，使其能够代表公众股东，发挥其对创始人和高级管理层的牵制和制衡作用，规避创始人和高级管理层对中小股东利益的侵害行为，达到道德风险预警效果。

### 5.5.2.3　政策监管风险预警

引入双重股权结构以后，政策配套措施一定要跟上，政府部门应该从法律政策角度完善相关制度，及时应对政策监管风险，采取相应措施。从政策监管及公司制度层面对可变利益实体的生存空间进行系统性设计，促使其发展壮大，相应提出公司改革股权结构的办法和意见，法规政策方面主要是要考虑设计制定中小股东救济制度，引入双重股权结构以后，若出现了损害中小股东权益问题，可以利用中小股东救济制度加以保护，同时设计预警体系融入相应政策之中。近年来，《公司法》针对中小股东权益保护进行了一系列的完善和突破。新修订的法规降低了中小股东行使提案权的门槛，扩大了知情权范围，并明确规定了债权人利益保护的相关规定。此外，建立预警体系并将其融入相应政策，可以帮助防范风险，保障中小股东的权益不受侵害。这些措施和机制共同构成了中小股东救济制度设计和预警体系的重要部分。在公司内部从内部治理结构和公司章程提出能供参考的意见，将预警体系纳入公司制度中，从而促进公司可持续发展，为经济高质量发展提供制度保障。

# 5.6　本章小结

双重股权结构对于高低表决权的设计，在一定程度上损害了公众股东利益，不利于中小股东权益保护。面临的主要风险包括：第一，在法理逻辑层面，我国现行《公司法》限定了公司的"一股一权"的公司股权设置，而双重股权结构的表决权设置则打破了这种制度安排，挑战了科斯的产权理论，形成了法理逻辑风险。第二，在股东利益冲突层面，公司引入了双重股权结构，不同类别含有不同表决权，分别为高表决权股票与低表决权股票，导致了公司财产权与控制权分离的情况，形成了财产权和控制权分离带来的利益冲突风险。第三，在治理权限层面，双重股权结构在企业上市和首轮融资等许多情况下是有优势的，但也应该认识到为创始人提供永久甚至终身控制权后，此优势可能随着时间的推移而下降甚至消失。第四，在中小股东权益保护层面，引入双重股权结构以后，压缩了中小股东的话语权，本来持股数量就不占优势，由于表决权份额的巨大差异，中小股东即使积极参与公司治理，但是在公司重大问题决策上中小股东对表决结果的影响微乎其微，形成了双重股权结构下中小股东权益面临的风险。在此基础上，本章分别从法理逻辑、股东利益冲突、治理权限和中小股东利益保护四个方面对风险防范体系进行了系统阐述。风险防范体系的设计是为了防止风险事件的发生，但是，防范体系设计得再好，也很难杜绝风险事件的发生，因此，风险预警体系的设计尤为重要。本章在最后部分对风险预警体系进行了系统设计，将风险归纳为法理逻辑风险、道德风险和政策监管风险，分别设计了相应的预警体系。

# 第6章

# 我国引入双重股权结构的制度设计

引入双重股权结构是否能实现预期效果取决于诸多因素，如公司股权集中度、股东权益保护和资本市场的有效性等。引入和发展双重股权结构需要良好的外部环境，提升公司治理效率需要政策和制度的支持，其中最重要且需要特别关注的问题就是要建立和完善投资者保护机制。在当下科技发展突飞猛进的大背景下，应该完善我国法律法规，迎合企业实际需求，为企业的生存和发展提供制度保障，给予企业自主设置股权结构的选择空间。然而，引入双重股权结构后，必须建立相应的配套制度，将控制权的界限进行严格限定，在给予上市公司更多股权设置选择空间的同时，切实保障公众股东和普通股股东的合法权益，促进资本市场的可持续发展。

## 6.1 双重股权结构制度设计的基本原则

### 6.1.1 渐续推进原则

双重股权结构的立法不是一蹴而就的，不能简单照搬国外的做法，一定要结合我国社会主义市场经济特征和我国资本市场的实际需要，不断完善相关的配套机制。要深入分析我国的经济发展状况，熟悉我国经济发展和资本市场的薄弱环节，才能作出更细致的安排。应该注意到，我国资本市场发展起步晚，和美欧等国资本市场有显著差异，最主要的区别就是股权集中度更高，在此背景下，引入双重股权结构对公众股东、中小股东的影响会更大，所以，引入过程要循序渐进，慎重选择。

综合以上分析，本书认为我国一方面对股权结构改革的需求迫切，另一方面虽然新《公司法》允许我国境内股份有限公司引入双重股权结构，但资本市场仍未对引入双重股权结构完全放开。通过修改我国资本市场的上市规则，能够切实降低双重股权结构的引入风险。在引入的过程中，应对相关保障措施加以完善，渐进、有序、分步骤地稳妥推进我国双重股权结构的引入。

渐进式地完善我国引入双重股权结构的配套机制是当前的国情需要，是我国发展社会主义市场经济的迫切需求，迎合了我国资本市场发展所需，切实满足了企业和投资者的利益诉求。同时，任何事物的发展都是一个过程，而这个发展是循序渐进式量的积累过程，呈螺旋上升状态，特别是对引入双重股权结构这一新生事物而言，更加需要探索性地完善，在摸索过程中不断发现问题、解决问题。

## 6.1.2  利益相关者利益平衡原则

按照我国现行《公司法》的规定，我国企业可以设立两种形式，分别是有限责任公司和股份有限公司，有限责任公司的设立依据是"人资两合"，即股东之间依赖于相互信任而成立的组织，同时也是资本的结合；但股份有限公司则不然，股份有限公司是资本的结合，并不代表股东之间的信任关系。上市公司必须是股份有限公司，有限责任公司是不能够上市的，那么我国资本市场全面引入双重股权结构，就意味着要打破股份有限公司这种纯粹的资本结合关系。引入双重股权结构以后，公司不仅具有资合属性，也具有人合属性。因为一旦公司引入双重股权结构，持有高表决权股票的创始人或高级管理者将拥有更高比例的表决权，相当于持有低表决权股票的股东将公司的经营管理权利委托给了持有高表决权股票的股东，那么，持有低表决权股票的股东为什么愿意将经营权委托出去？是因为投资者对创始人和高级管理者的信任，相信创始人和高级管理者更有能力经营好公司，能够创造更多财富，在此基础上，投资者放弃了部分表决权。所以，为了回馈持有低表决权股票的股东的信任，公司应当制定相应政策，在公司利益分配时向持有低表决权股票的股东适当倾斜，以此建立公司利益相关者之间的更多信任。无论是法律的制定，还是制度设计，其最基本的原则是公平，当然，绝对的公平是不可能实现的，因此只能寻求相对公平，也就是寻求利益相关者之间的利益平衡。在现行《公司法》中主要是在两方面处理好利益平衡，第一，要处理好股东和管理层的利益平衡；第二，要处理好公司和公众股东之间的利益平衡（刘毅，2016）。我国引入双重股权结构过程中务必要坚持利益相关者之间的利益平衡原则，适当放权，给予企业相应的自主权，这既能让企业可以根据自己的需求进行制度设计，又能激发市场活力，有利于经济的繁荣发展。在引入双重股权结构制度的过程中，要坚持利益平衡原则，要求在政策制定时，既要为创始人和高级管理者提供低投入获取高表决权的同时，又要设计好中小股东利益保护机制和利益救济机制。应在立法层面建立和完善好中小股东的权益保护措施，提出新的方法和手段。尤其是上市公司，因为上市公司的涉及面广，涉及金额较大，要始终坚持有损必补、有损必赔的原则。既然限制了持有低表决权股票股东的表决权，就要通过其他渠道给予其相应补偿，可以通过股利分配，也可以通过公司破产财产清偿等方面政策适当倾斜。中小股东丢掉了部分表决权，那么就要加强对持有高表决权股票股东的监督，切实保护中小股东权益。综上所述，平衡利益相关者之间的利益，从立法角度加以支持，是我国引入双重股权结构制度实施和贯彻的保证。

### 6.1.3　维护公众投资者利益原则

公众投资者是我国资本市场的主要参与者，是资本市场的重要组成部分，为我国资本市场的生存和发展提供了"土壤"。因此，必须充分调动公众投资者的参与热情，吸纳更多公众投资者进入资本市场，使得资本市场能够长久繁荣发展下去。在双重股权结构的制度设计下，高表决权股票由公司的创始人和高级管理者所持有，低表决权股票由公众股东持有。在此背景下，如何维护好持有低表决权股票股东的利益是我国引入双重股权结构后的首要任务和重要课题，因为其失去了更多的表决权。在法律制度层面要弥补这种缺陷，降低此缺陷引发的风险。当前，我国资本市场中，公众股东的专业水平仍然不高，对资本市场信息的解读能力不足，对市场波动的反应能力不强，在此现实背景下，通过制度设计切实维护好公众股东的利益特别重要。当前，为了维护好公众股东的利益，保护投资者权益，我国出台了众多法律政策，也发挥了重要作用，然而，在我国资本市场中，上市公司侵害公众股东的案例频频发生，近些年来，出现了我国 A 股市场中第一个由于欺诈发行股票而被勒令退市的欣泰电器，还有前两年被吵得沸沸扬扬的乐视网案例。这些案例背后是公众股东蒙受了巨大损失，虽然侵害公众股东权益的相关公司和责任人受到了制裁，但很多情形下，公众股东很难进行维权。同时，资本市场上还有部分上市公司按照法律法规进行信息披露，遵循了相关政策，但仍然进行了对中小股东的利益侵害。例如，在我国创业板市场中，由于控股股东的大规模减持手中股票，导致某家公司股价在整个 A 股市场没有较大波动的背景下，一年半时间内股价下跌了 70%，虽然控股股东的减持行为符合法律要求，但切实损害了中小股东的利益。分析其年度财务报表发现，自从该公司上市以来，公司的财务业绩一直是表现平平，实质上控股股东通过 IPO 实现了对公众股东的利益收割。因此，虽然从引入价值上分析，我国引入双重股权结构具有很强的适用价值，但是必须要设计好中小股东权益保护机制，这样就可以防范创始人和高级管理者的机会主义行为，同时，在设计引入双重股权结构时务必要把公众股东的利益保护摆在首位。

# 6.2 我国双重股权结构的制度设计

为了满足在融资过程中科技创新企业创始人对公司的控制欲望，发挥创始人的创新热情，同时保留优质上市资源以增强我国资本市场的竞争力，2018 年底我国宣布在上海证券交易所设立科创板，并允许特殊股权结构企业在科创板上市，实践中迈出了我国引入双重股权结构的第一步。但是，因为双重股权结构赋予创始人极大的表决权，与传统"一股一权"原则相背离，目前制定的《上海证券交易所科创板股票上市规则》和相关配套制度还不足以很好地保护中小股东的权益。基于此，本书借鉴了美国等国家和地区的经验对双重股权结构的政策规定与制度设计，分别从法律层面和公司制度层面提出建议，对我国双重股权结构进行制度设计，以期为我国制定引入双重股权结构相关的政策和公司制度做参考。

## 6.2.1 确立双重股权结构在我国的法律正当性

从我国成立资本市场开始至今已有 30 多年，我国上市公司的股权结构发生了巨大变化，已经由过去的股权高度集中转变为相对集中，目前，部分上市公司还出现了相对分散的现象。股权的相对分散为我国引入双重股权结构提供了生存的土壤，通过对国内外公司法的整理发现，较少有国家立法直接规定是否可以采用双重股权结构，常见的做法是通过法律法规对股票类型进行区分，再对不同类型的股票赋予有区别的表决权，然后再针对国家的证券交易规则来支持采用双重股权结构的公司的股票上市交易。

纵观世界上对双重股权结构的立法模式，主要分为两类：第一，法律法规对股权结构限定较为宽泛，对公司股票发行政策不做过多干预，上市公司在股权结构安排上相对自由，在股票发行种类上也有很大的自主权。在这类模式下，公司完全可以按照自己的需求选择股权结构制度，是否采用股权结构以及如何采用？通常，公司会在公司章程以及股票发行方案中设计所发行的股票，依据需要和目的发行限制表决权股票或无表决权股票，也可以对创始人和高级管理者赋予超级表决权；第二，引入双重股权结构，通过法律法规明确各类股票的合法地位，在一定范围内，给予公司自由选择股权结构的权利，满足公司以及股东需求。

当前，我国经济已经由高速发展阶段转为高质量发展阶段，改革进入深水区，中央提出构建国内国际双循环相互促进的新发展格局，为了促进经济发展，激发企业"双循环"下的发展动力，不断深化经济体制改革，资本市场也在进行大刀阔斧的改革，在法律层面明确双重股权结构的地位是资本市场改革的应对之策。我国上市公司治理质量有待提升，完善股权结构是重要措施，为此，我国陆续颁布和修订了相关法律法规，制定了相应的政策措施。2014 年，我国开始逐步放宽对公司"一股一权"的限制，例如，中国证券监督管理委员会在 2014 年发布了《优先股试点管理办法》，正式确立了优先股制度在我国的合法地位。2018 年 3 月国务院办公厅转发证监会《关于开展创新企业境内发行股票或存托凭证试点的若干意见》，进一步放宽境内创新型公司股票发行和存托凭证行为。我国相关法律法规对双重股权结构的引入步伐是个渐进的过程，但仍难以满足资本市场发展的需求。

## 6.2.2　设立特定的双重股权结构企业上市规则

目前，我国已经建立起多层次资本市场，覆盖面广，具体包括主板、创业板、科创板。还有"新三板"和区域性股权交易市场，每个板块都有特定的交易规则。现行《公司法》要求有限责任公司必须改制为股份有限公司才能上市交易，这一条实际上阻挡了众多公司的上市之路。

按照我国现行《公司法》第三十四条规定："股东按照实缴的出资比例分取红利；公司新增资本时，股东有权优先按照实缴的出资比例认缴出资。但是，全体股东约定不按照出资比例分取红利或者不按照出资比例优先认缴出资的除外"。而且现行《公司法》还规定在股东大会表决时，各股东按出资比例进行表决，但是，如果公司章程另行约定可不参考股东出资比例。我国现行《公司法》规定，有限责任公司可采用双重股权结构，但是有限责任公司不能上市，因此公司要上市，须变更公司组织形式转为股份有限公司，这种制度安排是为保持公司的"资合属性"。

因此，在我国证券制度各方面不完善的现实前提下，为了缓解采用双重股权结构的公司进入资本市场融资的阻力，在新《公司法》实施前，只有改变上市规则才能在公开市场融资的框架下，使采用双重股权结构的公司顺利上市。上市条件可参照纳斯达克标准，重点限制以下内容：拟上市公司规模、拟上市公司盈利能力、继续经营管理拟上市公司的能力、市场流动性等，综合以上几个方面的内容，设置严格的复合上市条件。

## 6.2.3 控制双重股权结构适用范围

2019 年上交所发布《上海证券交易所科创板股票上市规则》，以科技创新企业为试点引入了双重股权结构制度，截至 2024 年 6 月还没有推广至全行业上市公司，其他类型的公司暂时不能采用双重股权结构。尽管美国的双重股权结构制度没有限制适用范围，各行各业均可采用，但是实际情况并不是所有的公众公司都适合双重股权结构。在公司成立之初，创始人的股权被稀释，因此需要采取补偿措施，基于这种考量，引入了双重股权结构。双重股权结构有其合理性，但是它很考验创始人的治理能力和道德水平（郑彧，2020）。创始人也有可能利用法律和上市规则中对双重股权结构的保护条款来汲取资本利益，所以在公司内部应该设置最低标准。双重股权结构不具有制度的普适性，也就是说以考察公司发展成熟度的其他板块未必适用，所以我国在科技创新领域试点适用双重股权结构是合理的。

### 6.2.4　制定"日落条款"

为防止控制权长期甚至终身掌握在创始人手中的风险，保证双重股权结构的稳定运行，笔者主张引入具有特别表决权期限的"日落条款"。"日落条款"是指法律或合约中订立某些条文的终止生效日期。双重股权结构中的"日落条款"是指当触发到"日落条款"中预设的条件，该部分特别表决权股就会按1∶1的比例转换为普通股。目前我国证券交易所上市规则中规定的"日落条款"有持股比例不符合法定最低标准的持股比例型"日落条款"和股份转让、持股股东死亡、离任等情况的事件型"日落条款"，但并没有像新加坡一样引入期限型"日落条款"。事件型"日落条款"具有很强的不确定性，只有在极端情况下才会发生，而在创始人度过了青壮年期，不再有充沛的精力和紧跟时代发展的眼光时，公司难以因为业绩变差而变更控制人，其他股东也难以维护自身的权益。

双重股权结构的制度风险和代理成本随着时间而增加，引入"期限型"日落是关键的一环（干斌和刘一寒，2019）。"期限型"日落是指在双重股权结构适用时间内，规定特别表决权的持有时间为一定期限，除非其延期得到与控制人无关的股东的批准。有观点认为在强制设置时间日落后，不满足创始人股东的最佳利益，会将企业推向其他证券交易所，但若将时间日落作为公司的自治安排，恐怕鲜有公司自愿设置，难以发挥其作用（沈朝晖，2020）。

时间日落的关键就是时长的设置，创始人希望尽量久地控制公司，普通股东希望尽可能多地获取利益，固定时间的日落显然不是最好的选择。引入双重股权结构可以在引入时间日落的同时，将日落期限的设置交给公司，公司根据各个行业的市场和特点，经由股东大会讨论，在上市的同时为特别表决权设置一个科学的日落时间。到了后期若创始人还表现出优秀的能力，并且股东对公司发展满意的话，可以通过股东大会"一股一权"的投票适当调整日落时间。上市时的时间限制并不意味着公司到期就易主，不会让创始人在临近规定时间时就懈怠工作，相反，能激励他们更积极地带领公司创造业绩以赢得其他股东的认可，即便是创始人的能力不足，在一定时间后股东大会也可以选举出新的公司带领人，较好地保护了中小股东的利益。

综上所述，笔者建议我国引入双重股权结构试点必须设置"日落条款"，建立退出机制。在规定的使用期限内，B 类股股东因持有特别表决权的股份，须保证不会通过决策权谋取自身利益损害其他公众股东的利益。当规定期限结束时，其他股东要综合考虑 B 类股股东的表现，使用其"一股一票"的表决权，共同决定是否继续使用双重股权结构。"日落条款"虽然具有前瞻性，但其弊端也会随着时间而显现出来。"日落条款"到期后，有可能导致原本持有特别表决权的创始人股东的表决权呈现"断崖式"下降，这种情况可能会催生创始人在"日落条款"期限内利用特别表决权实施某些决策来弥补自己可能受到的损失。所以"日落条款"也存在无法有效保护其他股东利益的风险，如何平衡创始人与公众投资者之间的利益，还应该结合我国市场的实际情况制定其他相关规定，完善股权结构制度，保证中国资本市场的繁荣发展。

## 6.2.5 完善双重股权结构制度的配套机制

现阶段，我国引入双重股权结构是现实需求，有其合理性，可以看到其在科技创新型企业发展中的关键作用。我国科技创新型企业因具有创新的核心竞争力而迅速发展，如何解决资金问题是企业生存与继续发展的巨大考验。而双重股权结构为这些企业提供了更灵活和有效的融资途径，通过设立不同类别的股份，可以吸引更多资本并降低融资成本，从而解决企业资金问题，有利于企业持续发展。但是我国全面推行双重股权结构的现实基础有待进一步完善，同时现行"一股一权"的股权结构能满足大多数公司治理的需求。因此，我国将科创板作为引入双重股权结构的试点，率先在科创板进行采用双重股权结构制度的尝试，不仅对我国科技创新型企业，而且对我国企业和资本市场而言都是一次重大的制度创新。

所以，我国引入双重股权结构制度后，务必加强制度顶层设计，将双重股权结构的优势充分发挥出来，将负面效应降到最低，建立健全信息披露制度，增加市场信任度，降低不确定性，以确保投资者对企业治理结构和决策过程有清晰了解。设立独立董事，保障企业治理中的独立监督和建议作用，减少潜在的利益冲突，拓展独立董事的参与范围，特别关注双重股权结构可能带来的治理风险，定期评估和监测公司内部风险、预警系统建设及时发现并应对潜在危机，建立健全的风险管理与内部控制体系，确保企业在引入双重股权结构后的稳健经营和风险防范。全面探索采用双重股权结构的经验，以确保我国企业在引入双重股权结构时能够真正受益并实现可持续发展。

## 6.2.6　完善公司信息披露制度

上市公司的信息披露主要是指公众公司以招股说明书、上市公告书以及定期报告和临时报告等形式将公司及与公司相关的信息，向投资者和社会公众公开披露的行为。上市公司的信息披露非常重要，它是公司的投资者获取公司公开透明信息的重要渠道，投资者等利益相关者通过这些信息可以了解公司财务状况和运营情况，也是公司与其利益相关者，如投资者、债权人和社会公众沟通的纽带。投资者只有充分评估公司风险及潜在影响后，才能作出合理决策。股票发行注册制的核心理念，是让投资者自己判断股票是否值得投资，证监会不会代替投资者判断一个公司是否值得投资，只负责监督公司的信息披露，保证公司的信息披露充分，以便投资者进行决策参考。同时，信息披露对公司也有积极意义，上市公司应积极接受投资者及政府部门等信息使用者的监督。根据《上海证券交易所科创板股票上市规则》（以下简称《科创板上市规则》）的试点注册制，对采用双重股权结构的公司信息披露要求更严苛，因此，在引入双重股权结构时，上市公司的信息披露制度应进一步完善。

借鉴中国香港地区和新加坡的经验，应对信息披露的内容进行补充完善。（1）《科创板上市规则》虽在公开发行的上市文件中对公司实行双重股权结构进行了说明，但没有细化到在对外界发布的公告、财报、通知等显眼处都标注说明公司结构的警示句，并且在股份末尾并没有像港交所《主板上市规则》一样要求标上"W"作为标识，加上明确标识更能让公众投资者提高警觉性，快速辨别该公司的股权结构，而不是在复杂冗长、晦涩难懂的文件中寻找信息；（2）上市公司应对采用双重股权结构的必要性和安全性进行说明。该公司应有采用双重股权结构的合理理由，并且证明该结构对公司的发展有帮助，公司内部应制定相关措施保护公众投资者的安全，不能让投资者为创始人想要保有控制权的主观意愿买单；（3）目前《中华人民共和国证券法》对定期或不定期报告中重大事件的解释还不明确，让上市公司有空子可钻，应当对重大事件的标准进行细化，并规定重大事件发生后公布的时间限制，保证信息的时效性、完整性。

在制度方面，根据《上海证券交易所上市公司信息披露工作评价办法（2017年修订）》的规定，证券交易所在每年年末根据上市公司日常信息披露的实际情况给予年度评分，具体有四个等级，A为公司信息披露工作优秀、B为公司信息披露工作良好、C为公司信息披露工作合格、D代表公司信息披露工作不合格。并且将上市公司的年度信息披露评价结果与超级表决权股票的增发和行使挂钩，若评价结果未达到A等，那么不允许其增发超级表决权股票，而且已发行的暂停使用，直至整改到评分恢复为 A（赵金龙和张磊，2020；冯果和段丙华，2017）。这一规定体现出信息披露对股东权益的重要性，有利于维护普通股东的权益，也能督促上市公司更好地履行信息披露义务。

在公司方面，公司应当进行的信息披露内容，除了满足法律法规要求的上市公司信息披露制度之外，第一，有必要说明采用双重股权结构制度的必要性。从传统股权制度转换到一种新的股权制度，这对于普通投资者的权利使用有很大影响，因此有必要说明采用这种新制度的积极影响，如防止恶意收购等优势。第二，说明双重股权结构给投资者带来的负面影响，详细披露其可能存在的风险，同时说明公司能够合法良好的盈利，通过一些保障机制说明双重股权结构的安全性，消除投资者对于新制度的不信任感，增强投资信心。

在完善了信息披露的内容后，证监会也应尽职尽责，通过巡查核查、诚信评级等方式对公司信息披露情况进行督促，落实相关主体的信息披露责任，同时开辟资信渠道发挥社会的力量对公司的行为进行监督举报。目前对于上市公司的违规披露现象，交易所和证监会能做的主要是停牌和罚款，严重的、触犯信息披露违规罪的才会交由司法部门处置，部分责任人存在侥幸心理，建议应当加大惩罚力度。

## 6.2.7　完善独立董事监督机制

在内部治理结构上，《科创板上市规则》显然低估了特别表决权的影响，除了在 4.5.12 条款中规定监事会应当对股东滥用特别表决权损害其他投资者合法权益出具专项意见外，其余上市公司基本沿用一般上市治理结构。而港交所《主板上市规则》中要求设立以非执行独立董事组成的企业管治委员会，并聘请常设的合规顾问。美国的公司法中也制定了独立董事制度，要求这些独立于公司的董事对公司事务作出独立的判断，可以在公司内部形成权力制衡的局面，为普通股东监督特别表决权的行使，并维护他们的利益。

实现双重股权结构的制度价值关键在于立法机关、监督机构和适用公司对董事权力的有效控制（刘海东，2018）。在采用"一股一权"结构的公司中，董事会承载了公司决策的自我监督职能，但是在所有类型的权力配置中，自我监督的效果是最弱的，因此，创立独立董事制度，协助利益相关者承担监督职责，以期达到内部权力制衡的目的。独立董事独立于公司的所有股东，不担任公司行政职务，与公司或公司经营管理者没有经济往来及其他联系，能对公司事务作出独立判断，进行决策监督，维护股东权益。如果独立董事制度不完善，公司治理和发展将会出现很大的风险，更不用说是在双重股权结构中、创始人团队拥有绝对控制权的情况下，一旦独立董事被控股股东控制，内部监督机制就难以发挥作用。

为强化独立董事的监督作用，让其在双重股权结构下发挥作用，可以从以下方面着手：（1）保持独立董事的独立。首先是聘任上的独立，公司持股1%以上的股东均可提名独立董事候选人，而控股股东的提名权应该得到限制，同时在独立董事选举投票时应实行"一股一权"制。其次是经济上的独立，独立董事的薪酬可以由目前的津贴形式改为津贴加奖金甚至津贴加股利的形式，激发独立董事的工作热情。（2）提高独立董事独立性的判断标准。目前证监会对于独立董事与公司人员的关系界定标准还稍有欠缺，对社会关系的定义是兄弟姐妹、岳父母、儿媳女婿、兄弟姐妹的配偶、配偶的兄弟姐妹等，没有将同学、好友等关系纳入其中，也没有将债权或债务关系纳入独立性界定，立法上应当完善这方面的判定标准，公司也可以聘请中介机构对独立董事的人际关系进行调查评价。（3）增加独立董事的席位。目前的独立董事席位一般只占董事会的1/3，而双重股权结构下为了与突出的表决权达成平衡，应当增加独立董事占比，使其能够更有效地实行其监督和建议职能。因此，增加独立董事的席位，保证其在董事会中的话语权至关重要，对采用双重股权结构的公司来说，增加独立董事人数能够增加对控股股东的监督力度，主要是在其行使多倍表决权时。通过增加独立董事的人数来增强其加强独立董事的力量，确保其能够有效发挥监督制约的作用。根据中国证监会《关于在上市公司建立独立董事制度的指导意见》的规定，上市公司董事会成员中应当至少包括1/3的独立董事。本书建议如果公司采用了双重股权结构，在1/3的基础上应提高独立董事在董事会的比重。(4) 限制独立董事的兼任数量。独立董事除了自己的本职工作以外还要担任上市公司的独立董事，个别独立董事同时在多家上市公司任职，工作量大，导致分身乏术，投入到公司的精力十分有限，在双重股权结构下为了更加有效地对特别表决权的实施进行监督，证监会应对独立董事的兼职数量的上限进行合理调整。(5) 完善考核奖惩机制。相关制度应对独立董事的权、责、利、奖、惩进行明确的规定，使得职权行使有法可依，对与股东利益勾结的独立董事进行惩罚也有规可循。公司内部也可以设立考核制度，对于无法作出独立判断或者不能有效履行监督职能的独立董事，经考核不合格者予以清退，考核时也应按照"一股一票"原则投票。为了有效保护中小股东权益，保证其利益不受损害，独立董事中应有中小股东的利益代表，同时保障中小股东具有选举独立董事的权利。在表决权高度集中的情况下，保证独立董事不被他人所控制尤其重要。

## 6.2.8　完善事后救济制度——集体诉讼

无论事前保护规定多么完善，也不可能完全避免侵害中小股东权益情况的发生，在侵害发生后，如何能够维权、将损失尽可能地降低，完善事后的司法救济途径是非常重要的。

美国有较为完善的集体诉讼制度为中小股东权益兜底，所谓集体诉讼，就是由利益受侵害的股东群体派出代表向侵害人提起民事诉讼，降低诉讼的成本，提高诉讼的效率，也间接对公司形成有力的监督。当前在我国对上市公司违法行为的诉讼成功率并不高，证券民事诉讼法律和集体诉讼律师等方面都比较匮乏，双重股权结构的引进因中小股东的权益容易受到侵害而对集体诉讼制度的完善提出了更紧迫的要求。

股东诉讼包含两类，一类是股东为保护公司整体利益和股东利益而提起的代表诉讼；另一类是保护股东个人利益提起的直接诉讼。但是，证券市场上的股东数量众多且分散，由于集体行动的逻辑，当利益受到损害时，股东们很难聚集成为一个群体。加上诉讼成本大于收益，单个股东难以负担维权的费用，这让很多中小股东在权益救济方面心有余而力不足。双重股权结构加剧了公司管理层带给中小股东的道德风险，其利用绝对控制权，在缺乏有效监督的情况下滥用权力或决策不当，而其他股东很难使用表决权更换管理层。所以保护中小股东权益对于双重股权结构的公司来说也是必要的，即有了利于股东诉讼的集体诉讼制度。

当前，我国的集体诉讼制度还存在诸多问题，处于不断发展完善的阶段。现行《公司法》第一百五十一条第二款、第三款对股东代表诉讼作出了规定，虽然丰富了股东代表诉讼的机制，但是并没有具体可操作的诉讼费用的规定。直到 2018 年《公司法司法解释四》的第二十六条规定，股东依据公司法第一百五十一条第二款、第三款规定直接提起诉讼的案件，其诉讼请求部分或者全部得到人民法院支持的，公司应当承担股东因参加诉讼支付的合理费用。在集体诉讼中，一人或者数人可以代表全体股东提起诉讼，而且诉讼结果对全体股东具备同等效力，对于中小股东而言，通常只需要签署委托书和代理合同，不需要花费太多时间和精力在诉讼上，因此减少了中小股东的诉讼成本和维权成本，被认为是一种有效保护中小股东权益的方式。与此同时，也避免了就同一件案例多次提起诉讼的问题，减少了过度占用司法资源的问题，弥补了双重股权结构治理的不足。

如今，资本市场高速运作，法律机制也需与时俱进，完善相关的配套机制。2019 年 12 月 28 日修订，并于 2020 年 3 月 1 日起施行的《中华人民共和国证券法》（以下简称《证券法》），进一步在证券维权方面明确和引入了代表人诉讼制度，这是《证券法》修订后的一大亮点，但不意味着中国版本的集体诉讼就能直接落地。2020 年 7 月 31 日起施行的《最高人民法院关于证券纠纷代表人诉讼若干问题的规定》，规范了普通代表人诉讼和特殊代表人诉讼程序，细化了两类诉讼的程序规定。为利益受损的中小投资者提供便利、低成本的维权途径，相关法律资源的完善相信是将来的必然举措。首先在相关配套措施中，可以建立先行赔付机制（袁淼英，2018）。在漫长的诉讼过程结束之前，先由第三方全部或部分赔付给受害人，提高股东获得赔偿的效率，同时通过立法确定第三方赔付资金的来源、赔付的程序、收回资金的途径等，确保机制的顺利运行。其次应该强化证券侵权民事责任、行政责任、刑事责任之间的衔接，目前在责任划分的轻重缓急中，民事责任没有得到足够的重视，当公司无法承担巨额罚款时，中小股东将无法得到足够的赔偿，因此在发生责任竞合时应当将民事赔偿放在首位，优先保证处于弱势地位的中小投资者的利益（Arrell，1988；Harold，2009；Rmorck，2000）。中国的集体诉讼制度对中小股东权益的保护，不仅应该在法律上提供有效的制度保障，而且还要在诉讼程序上提供便利。权利受损的中小投资者将拥有便利、低成本的维权渠道，而对违法者则应进行严厉威慑和打击，这样才能有效遏制和减少资本市场的违法行为。

## 6.3　本章小结

引入双重股权结构能够保障创始人和高级管理层的控制权，但会增加控股股东的"隧道挖掘"风险，因此本章在分析我国境内引入双重股权结构的必要性和可行性的基础上，设计了我国境内引入双重股权制度的结构。首先分析了我国境内资本市场的发展历程。其次简要阐述了双重股权结构制度设计的基本原则，具体包括渐续推进原则、各方利益均衡原则和维护公众投资者利益原则。最后在此基础上，结合我国境内实际情况，借鉴其他国家和地区的经验，设计我国境内引入双重股权结构制度。具体内容包括：（1）完善双重股权结构在我国境内法理的正当性；（2）设立特定的双重股权结构企业上市规则；（3）控制双重股权结构适用范围；（4）制定"日落条款"；（5）完善双重股权结构制度的配套机制；（6）完善公司信息披露制度；（7）完善独立董事监督机制；（8）完善事后救济制度——集体诉讼。

# 第 7 章

# Xm 互联网公司引入双重股权结构的
# 制度设计与经济后果

## 7.1 公司及背景介绍

### 7.1.1 Xm 公司简介

#### 7.1.1.1 公司基本情况介绍

Xm 公司创立于 2010 年 3 月。最初的主要业务是优化服务安卓系统。2011 年 Xm 公司公开宣布旗下产品包括 MIUI、手机和米聊,并在同年开始在网上销售手机。经过多轮融资后,2018 年 Xm 公司在港交所 IPO 上市。截至 2020 年,Xm 公司的企业规模与竞争力都实现了高速增长,如表 7 –1 所示。

表 7 – 1　　　　　　　　　　　Xm 公司主要发展事件

| 时间 | 主要成绩 |
|---|---|
| 2012 年 | ·年销售额超过 10 亿美元 |
| 2014 年 | ·成为中国大陆市场出货量排名第一的智能手机公司<br>·年销售额超过 100 亿美元 |
| 2015 年 | ·MIUI 系统成果显著，月活跃用户超过 1 亿 |
| 2017 年 | ·成为全球最大的消费级物联网（IoT）平台<br>·2017 年第四季度成为印度市场出货量排名第一的智能手机公司<br>·与全球收入超过 1 千亿元人民币且盈利的上市公司相比，按收入增长速度计算，Xm 公司在互联网公司中排名第一，在所有公司中排名第二 |
| 2018 年 | ·在港交所 IPO 上市，董事会通过了一项特别决议，即向所有用户承诺：Xm 公司的硬件综合净利率永远不超过 5% |
| 2019 年 | ·荣登财富未来 50 强榜单，在中国公司中，排名位居第二，同时进入福布斯全球数字经济 100 强 |
| 2020 年 | ·成为全球第四大智能手机制造商与全球最大的消费级 IoT 平台 |

资料来源：根据 Xm 公司披露信息整理。

10 年来，Xm 公司已成为集智能手机、IoT 与生活消费产品、互联网服务为一体的新兴高科技企业集团。

（1）智能手机业务：根据 Xm 公司 2020 年中期报告，2020 年第二季度 Xm 公司的全球智能手机出货量稳居全球前四，市场占有率 10.1%。Xm 公司的智能手机深耕高性价比，不懈追求卓越技术；同时持续推动 5G 技术大众化，打造高性价比与高端性能兼得的优良产品。

（2）IoT 业务与生活消费产品：2020 年第二季度，Xm 公司的智能电视出货量全球排名前五；2020 年 7 月 Xm 公司发布 Xm 公司生态链，Xm 公司的 IoT 产品组合持续扩展市场。

（3）互联网服务：2020 年 6 月，全球 MIUI 月活跃用户达到 3.4 亿，同比增长 23.3%；互联网服务收入占总收入的 11%，占总收入比实现高速增长。Xm 公司在互联网服务方面的布局战略逐渐向产品生态交互服务方向发展。

从经营规模与经营数据上来看，Xm 公司多次上榜《财富》世界 500 强，2020 年位列 422 位。另外，2020 年 Xm 公司入选波士顿咨询公司（BCG）发布的"2020 全球创新 50 强"，位列 24 位。2019 ~ 2020 年，Xm 公司连续两年入选"德温特 2020 全球百强创新机构"榜单，成为登榜的三家中国大陆企业之一，另外两家企业分别是华为和腾讯。由此可见，Xm 公司在专利与技术创新方面的表现强劲。

### 7.1.1.2　Xm 公司的互联网公司属性界定

2013 年开始，中国互联网协会、工业和信息化部信息中心每年联合发布"中国互联网企业 100 强"。该榜单通过计算得出各家企业在企业规模、社会影响、发展潜力、社会责任等方面的得分，经过综合加权平均后确定排名，其评价指标不仅包括收入、利润、人力资本等指标，也对业务指标进行了覆盖。

Xm 公司自 2013 年起持续上榜。其中 2013 年排名第 91（作为北京 Xm 科技有限责任公司）；2014 年排名第 7（作为 Xm 科技）；2015 年排名第 18（作为 Xm 科技有限责任公司）；2016 年排名第 13（作为 Xm 科技有限责任公司）；2017 年排名第 11（作为 Xm 通讯技术有限公司）；2018 年上市后，排名第 10（作为 Xm 公司）；2019 年排名第 15（作为 Xm 公司）；2020 年排名第 15（作为 Xm 公司）。

以上榜单中，除 2013 年，Xm 公司一直在中国互联网企业百强名单中排名前 20 强，其互联网业务收入、多元业态服务等方面都符合互联网企业的界定。

## 7.1.2　Xm 公司的融资状况

### 7.1.2.1　上市过程

Xm 公司从成立至上市前经历了多轮优先股融资，具体融资情况如表 7 - 2 所示。

表 7 - 2　　　　　　　　　　　Xm 公司 IPO 前融资情况

| 融资时间 | 轮次 | 股份类别 | 融资金额（美元） |
|---|---|---|---|
| 2010 年 9 月 | A | A 类优先股 | 10250000 |
| 2010 年 12 月 | B | B - 1 类优先股 | 25000030 |
| | | B - 2 类优先股 | 2500000 |
| 2011 年 4 月 | B + | B - 2 类优先股 | 2750000 |
| 2011 年 8 月 | B + | B - 2 类优先股 | 600000 |
| 2011 年 9 月 | C | C 类优先股 | 88000000 |
| 2011 年 11 月 | C + | C 类优先股 | 2100000 |
| 2012 年 6 月 | D | D 类优先股 | 216000000 |
| 2013 年 8 月 | E | E - 1 类优先股 | 80004000 |
| | | E - 2 类优先股 | 19998460 |
| 2014 年 12 月 | F | F - 1 类优先股 | 983948070 |
| | | F - 1 类优先股 | 150159728 |

资料来源：根据 Xm 公司披露信息整理。

Xm 公司在上市前共进行了 9 轮融资，全部为优先股融资，该优先股的性质为可赎回可转换优先股，没有表决权。根据 2018 年 Xm 公司招股说明书，这些可赎回可转换优先股在 Xm 公司全球发售结束后，自动转换成 B 类普通股。

### 7.1.2.2　双重股权实施情况

根据公开披露的招股说明书，创始人雷某拥有 20.51% 的 A 类股份和 10.9% 的 B 类股份，而第二大股东林某拥有的 A 类股和 B 类股分别为 11.46% 和 1.87% 。总的来看，雷某作为第一大股东，其拥有的股份和第二大股东相比占了绝对优势，但实际上没有绝对控制权，然而，他所拥有的表决权占比则高达 55.7% 。不仅如此，雷某还通过签署表决权托管协议的方式，作为受托人接收公司其他股东的表决权，额外控制了 2.2% 的表决权。因此，雷某的总表决权是 57.9%，对公司具有一票否决权，加上联合创始人林某的表决权（30.04%），两大股东的表决权共计达 87.94%，超过绝对控股比例。

与表决权对应的相应限制也同时在 Xm 公司进行发布，以便更好地保护股东的权益。Xm 公司对 A 类普通股股票相关的特殊事项进行了明确规定，包括转换机制、退出机制、表决权机制，等等，限制 A 类普通股股票的流通性，以确保 A 类普通股持有方能且仅能在 Xm 公司经营决策及企业战略方面拥有绝对决策优势。具体内容如表 7-3 所示。

表 7-3　　　　　　　　　　Xm 公司 A 类普通股限制规定

| 事项 | 具体规定 |
| --- | --- |
| 发行及占比要求 | 公司不能够采取任何行动增加 A 类普通股股票的数量（包括发行、回购任何类别的股份）；<br>若公司回购 B 类普通股，则 A 类普通股持有人须按比例减少表决权；如果所有 A 类普通股全部转化为 B 类普通股，则授权股本中所有 A 类普通股自动指定为 B 类普通股，且公司今后不得再发行 A 类股 |
| 表决权 | 不得修订或增加 A 类普通股的权利，A 类普通股表决权也不能再增加 |
| 转换机制 | 当以下事件发生时，A 类普通股自动转换为 B 类普通股：<br>A 类普通股持有人死亡；<br>A 类普通股持有人不再担任董事，或不再是董事控股实体；<br>A 类普通股持有人被香港证券交易所视为无能力履行其董事职责；<br>A 类普通股持有人被香港证券交易所视为不再符合上市规则对董事的要求；<br>向任何人士转让 A 类普通股的合法所有权、实益拥有权或经济利益或附带的表决权（特殊情形除外） |
| 退出机制 | 退出机制将在 A 类普通股持有人在行使转换权，或不具备董事身份时触发 |
| 表决权特别事项 | 以下事项，不得采用特殊表决权进行表决：<br>修改大纲、公司章程时；<br>委任、选举、罢免独立董事时；<br>委托、撤换审计师时；<br>公司主动清算、解散时 |

资料来源：根据 Xm 公司披露信息整理。

# 7.2 Xm 公司引入双重股权结构的案例分析

## 7.2.1 Xm 公司实施双重股权结构的动因分析

双重股权架构在高速扩张期的互联网公司中十分常见，具有潜力的新兴初创公司通常能在融资过程中吸引大量的外部投资，大量资金不断涌入公司，公司的外部投资者不断增加，公司的股权结构也可能会发生较大变化，若创始人或团队的股权被稀释，其对于公司的控制权和决策权也会相对削弱。

Xm 公司采取的此架构的目的简单来说可以分为三个方面。首先是创始人团队不愿因公司成长过程中的外来融资而稀释自持股权并丧失公司控制权；其次迫于企业拓展与资本积累需求，Xm 公司进行外部融资又势在必行；最后外部的投资者认可 Xm 公司的未来发展潜力，愿意以放弃控制权博弈为代价，投入一定资金从而获得公司的股份及收益。其中体现了企业融资需求、创始人控制权需求、外部投资方获利需求的矛盾与平衡，Xm 公司最终实施的双重股权结构可以认为是三方利益平衡博弈的结果。

### 7.2.1.1 企业：持续融资需求

Xm 公司在 2018 年 IPO 前夕进行了 9 轮优先股融资，全部为可转换可赎回优先股形式。可赎回优先股，是一种特殊的优先股，不能兑换成股权。可赎回优先股的价值＝面值＋可能享有的股息权。当公司面临清算或者倒闭时，在破产清算时，可赎回优先股的清偿顺序是在其他公司债务之后，又在普通股之前。一般情形下，可赎回优先股的期限设定可以协商，确定多长时间之后由发行公司赎回。可转换优先股，是另一种特殊的优先股，股东可以选择性地将可转换优先股转换成普通股，或者选择清算形式。一般而言，当投资者认为公司估值大于被投资时的估值，通常会选择行使转换权利，将优先股转换为普通股。从投资形势上而言，可转换可赎回优先股对投资方的保护力度极大，在优先股的融资结构中，创业公司 Xm 公司处于不利地位。然而出于融资需求，Xm 公司进行 9 轮优先股融资，可见 Xm 公司对于融资的迫切需求。

根据 Xm 公司招股说明书，2017~2018 年的 Xm 公司估值乐观，此时迫切的融资需求与较高的企业估值，使得 Xm 公司在 2018 年上市是受益较为丰厚的时机，也是一个将可转换和赎回优先股转换为普通股的绝佳窗口期。

此外，2018 年港股政策开放，允许上市公司采用双重股权架构进行上市，对于港交所与 Xm 公司而言，Xm 公司进行双重股权结构上市，是双赢的选择。

### 7.2.1.2　创始人团队：控制权需求

创始人团队对企业有强烈的控制权需求，主要体现在人力资本团队的专有权和企业经营战略的主导权。相反，对利益回报的需求则不如外部投资团队强烈，因此双重股权结构是更能满足创始人团队控制权需求的股权结构。

#### 1. 人力资本团队的专有权

公司的决策者是公司的灵魂。公司要健康平稳发展需要众多资源，比如人力资源以及物质资源。相对于制造业等行业，在互联网公司中，人力资源的重要性更加突出，特别是专业性与创造性并存的高质量人才。高质量人才是公司管理的关键因素。公司引入双重股权结构之后，创始人团队作为高质量人才掌握了公司的控制权，保障公司按照创始人理念运行；创始人团队作为人力资源改善了公司运行效率，保持公司稳定发展。而不会因为上市融资、导致持股比例减少而流失控制权。

互联网公司的创新性和轻资产等特点，都使得公司的决策效率对公司的发展至关重要。当受到过多干预时，公司反而无法迅速地应对市场变化。因此，给予创始人更多表决权，将会有利于公司提高决策效率。

Xm 公司的创始人团队是集团优秀的人力资源。在采用了双重股权结构后，公司创始人按照自己的发展理念大胆创新，Xm 公司的营运能力提高了，资金利用效率也得到了提升；而且公司的创始人非常注重新产品的研发，创新投入高，研发占营业额的比重高，显示了创始人的创新意识，充分发挥了创始人团队的人力资源优势。在实践中，创始人能够利用其专业知识和敏锐的洞察力，及时对市场变化进行调整，提高了公司的决策效率。

2. 企业经营战略的主导权

在实施双重股权结构后，创始团队可以以较低的股权比例拥有绝对控制权。对于公司的重大事项和一般事项，创始人可以拥有高度控制权。这种同股不同权制度赋予的高表决权，使得管理层有更大且更稳定的经营权。在此制度下，创始人的智力资本更有机会得到充分发挥，在日常经营决策中，避免了其他股东的错误干扰，可以坚决贯彻执行公司战略，促使企业长期稳定发展。

双重股权投票结构有利于创始人和管理层维持其原有的治理和文化。基本上，创始人对企业有着深厚的感情，拥有充分的动机扩大企业规模，也有意愿促进企业可持续发展。从 2010 年初创立以来，Xm 公司的企业文化一直是 Xm 公司的主要特色之一，雷某领导的企业文化"为发烧而生"和"饥饿营销"等，多方面贯穿于 Xm 公司的日常运营与营销决策。

Xm 公司自创立以来，一直致力于推出性价比极高的产品，以吸引更多的消费者，然而高性价比意味着低利润甚至是负盈利，这对于外部投资团队而言并非利好消息。如果外部投资团队拥有一定的控制权，Xm 公司的极致性价比战略将会受到极大挑战。

双重股权结构可以杜绝外部投资团队干涉企业战略的实施，从而保护创始人团队的战略决策自由，因此与 Xm 公司的发展需求相符。

### 7.2.1.3　外部投资者：获利需求

1. 上市前的外部投资者

上市之前的 Xm 公司进行了 9 轮融资，24 位外部股东以可转换可赎回优先股的形式，为 Xm 公司提供资金支持，以获取投资回报。这类外部投资者主要是基本投资，大多数与 Xm 公司的创始人雷某签订了代理协议，由雷某进行股份代理。

基金对于所投资的公司有很高要求，会提前辨别投资公司能否提供高收益，Xm 公司这样具有上市潜力的公司，是基金投资非常青睐的选择。

上市后的 Xm 公司实施双重股权结构，此类外部投资者不仅预期得到超额收益，也因为其特殊的股权架构，大大降低了基金投资方的工作量，缓解了基金投资方的工作强度，使得投资方减少大量人力资本成本。基金经理人擅长于资本运作，但对于企业的日常管理，他们很难像公司内部管理者一样长期投入公司管理。

可以充分利用 Xm 公司内部专业的业务管理力量。当不需要参与企业的日常运作时，基金经理自然会有更多的闲暇时间专注于其他能够展现自己能力的项目。同时，Xm 公司优秀的内部管理也提高了运作效率，使基金投资获得更高的回报。因此，基金经理在投资具有双重股权结构的 Xm 公司时，更容易在获得高收益和高回报的同时，最大限度地减少管理运营成本。

对于投资性股东，双重股权结构除了具有很高成本特点以外，还会对投资性股东进行权利的再补偿，提高外部投资者的投资安全性。在上市之前，Xm 公司将 9 轮融资的所有股票列为优先股，该类股票可以获得优先补偿。上市之后，所有的可转换可赎回优先股转换为 B 类普通股，投资性股东的权利可以随时变现。利用可转换可赎回优先股，Xm 公司吸引投资性股东参与 Xm 公司的共同建设，确保投资性股东可以同时获得资金支持与足够的权益。

因此，双重股权结构公司在基金类外部投资者进行股权投资时，能够让股东以更轻松的方式赚取更多的收益；能够让股东在更完善的权利上保证丰厚的收益。相对于向同股同权标的公司的投资，双重股权结构对基金类外部投资者而言是个优势明显的选择。

2. 上市后的二级市场投资者

Xm 公司进行 IPO 上市后，必然引进大量于二级市场参与股票买卖的市场投资者。这类股东流动性较大，日常交易活跃，且中国的二级市场一般不以公司派发股息作为主要投资盈利方式。二级市场的股价震荡幅度较大，这类股东的主要获利方式即是利用股价震荡，低买高卖赚取投资差价。

互联网企业作为较为青睐双重股权结构的行业，与双重股权结构具有一定的适应性。互联网企业作为新型行业，轻资产和概念化的特点导致其高估值已经成为趋势，因此在股票价格上具有上涨的驱动因素。由于互联网企业的股价更易产生高溢价，受到市场环境的影响，互联网企业的股价下跌潜在因素敏感性较高。Xm 公司作为集新兴科技产品与互联网服务于一体的企业，产品更新迭代速度快，产业结构多元化，股价对新品发布和企业动态的敏感度高。因此，Xm 公司的股价波动也比较频繁，可以使二级市场投资者获得因为股价震荡而产生的交易机会，获取收益。所以双重股权结构能够更好地满足此类投资者的诉求。

综上所述，企业、创始人和外部投资者在各自层面上都存在不同的需求与偏好，企业需要股权融资；创始人需要持续掌握企业控制权；外部投资者需要获利且尽量降低投资成本。双重股权结构相对于同股同权结构更能同时平衡多方诉求，满足各方利益。

## 7.2.2　Xm 公司实施双重股权结构的积极影响分析

### 7.2.2.1　有效解决企业融资与创始人控制权稀释矛盾

Xm 公司上市后，公司的股权对比情况和表决权对比情况如表 7-4 所示。

表 7-4　　　　　Xm 公司上市后主要股东股权与表决权对比　　　　单位：%

| 股东 | 上市后股权 | 上市后表决权 |
|---|---|---|
| 雷某 | 31.41 | 57.9 |
| 林某 | 13.33 | 30.04 |
| 晨兴资本 | 17.19 | 4.4 |
| Apoletto 基金 | 7.02 | 1.8 |

资料来源：根据 Xm 公司披露信息整理。

　　Xm 公司章程中规定，企业有关重大事项的决定，需要表决权的 75%
同意方可通过；而普通事项的决定，需要表决权的 50% 同意方可通过。在
双重股权结构下，雷某共计控股 57.9%，雷某与林某共计控股 87.94%。
雷某可以单独决定普通事项，雷某与林某联合则可以直接决定重大事项。
如果是在同股同权的制度下，雷某与林某的股权之和只有 44.74%，不超
过 50%，创始人和联合创始人表决权之和尚且不能决定公司普通事项，企
业日常经营管理将会需要更多的管理成本，当几大股东意见不合时，极易
出现投票拉锯、影响决策效率甚至扰乱企业战略的情况。但是在 10∶1 的
A 类普通股加持下，创始人雷某的实际控制人地位得到维护，其他股东凭
借 B 类普通股很难对雷某的控股地位造成威胁，雷某控股股东地位稳定。

　　采用双重股权结构的 Xm 公司，流通在外的 B 类普通股的股份表决权
有限，对防止恶意收购有较好效果。因此，双重股权结构在体制上天然对
恶意收购具有预防效果。无论从成本角度、市场声誉、收购方式来说，双
重股权结构都是在快速融资的前提下，极为经济地维持解决创始人股权稀
释问题的利好结构。

### 7.2.2.2　保持创始人人力资本优势

　　Xm 公司中，董事长由雷某担任，执行董事由林某担任，雷某与林某
为联合创始人。除此之外，还有三位董事拥有重大管理权。上市之后，雷
某依旧全面参与公司管理。表 7-5 反映的是 Xm 公司的核心管理团队，

可以看到，在 Xm 公司创始人团队中，雷某、林某、洪某、王某、黎某、刘某依然负责公司主要业务管理。

表 7-5 Xm 公司核心管理团队

| 创始人团队 | 职位 | 职责 |
|---|---|---|
| 雷某 | 创始人、CEO、董事长 | 公司策略/文化/关键产品及监管高级管理团队 |
| 林某 | 联合创始人、总裁、副董事长 | 智能手机业务 |
| 洪某 | 联合创始人、高级副总裁 | 金融业务发展 |
| 王某 | 联合创始人、高级副总裁 | 智能电视业务 |
| 黎某 | 联合创始人、高级副总裁 | 品牌、市场及公关策略 |
| 刘某 | 联合创始人、高级副总裁（生态链） | IoT 及生活消费产品业务 |
| 祁某 | 高级副总裁（内部营运及公共事务） | 行政，监察及公共事务 |
| 崔某 | 人工智能与云平台副总裁 | 技术领域的发展 |
| 尚某 | 副总裁（互娱） | 游戏及直播业务 |
| 张某 | 副总裁（供应链） | 智能手机供应链 |

资料来源：根据 Xm 公司披露信息整理。

Xm 公司是典型的新型互联网公司，其管理层结构是逐步形成的，结构主要以创始人团队为核心，进行逐步拓展。但是 Xm 公司作为创始人为主导的企业，其管理层结构在企业发展初期的时候已经十分具有竞争力与特色，在初期发展很有优势。创始人不仅管理运营，也负责沟通，管理的集中度很高。因此，Xm 公司在双重股权结构下，管理层的模式比较集中，管理效率高，对业务和市场的把控力也较高，人力资本的优势得到了充分体现。

### 7.2.2.3 保障企业战略持久连贯

在双重股权结构设置下，雷某带领创始人团队，为 Xm 公司的企业战略制定了明确的方向，即追求极致性价比和高质量服务。例如，Xm 公司公开承诺,公司的硬件综合税后净利率不得超过 5%。此战略对于公众消费者十分友好,有利于增强用户黏性并提升公司形象。但同时,追求低净利率将会对企业的利润十分不友好,进而影响股东分红,直接影响投资者的短期收益。如果以雷某为代表的创始人团队随着股权的稀释,失去了绝对控制权,那么 Xm 公司此战略将会难以实施或形同虚设,这对于公司的企业形象将会有重大损失。事实上,5% 的净利率红线为 Xm 公司上市后的营销开展提供了强有力的宣传铺垫,将 Xm 公司产品的极致性价比策略有效地向外宣传,是一条行之有效的正向企业战略。除此之外,为了贯彻上市前后的企业战略,雷某多次优化公司组织框架,逐步强化公司总部管理职能,同时明确业务部门职责划分,不断调整 Xm 公司的组织结构。雷某明确了"手机 + AIoT"战略,在突出核心业务的同时,挖掘增长点,多业务部门赛跑,形成公司内部的良性竞争,推动了 Xm 公司产品布局和规模发展。这和 Xm 公司上市前的战略表现极为一致和连贯,也体现出了双重股权制度下,创始人团队的绝对控制权对企业战略连贯性的作用。

### 7.2.2.4 市场价值表现

对于以获取投资收益为目的的外部投资者,首要保障的是让他们获取丰厚的投资收益,这是对其利益的根本保证。本部分分别从 Xm 公司 IPO 上市的短期和长期股票收益来分析双重股权结构实施后 Xm 公司的市场反应。

1. 短时间窗口股价

图 7-1 显示了在 Xm 公司首日开盘后 10 日内的收盘价,和对应日期内恒生指数变化。从图 7-1 中可以看出,在 2018 年 7 月 9~18 日期间,恒生指数出现震荡下跌,但是 Xm 公司自首日开盘后呈现破发上升,短期股价整体上涨趋势,体现了投资者对 Xm 公司强烈的信心,认为在二级市场投资 Xm 公司 B 类普通股将会获得较高回报。

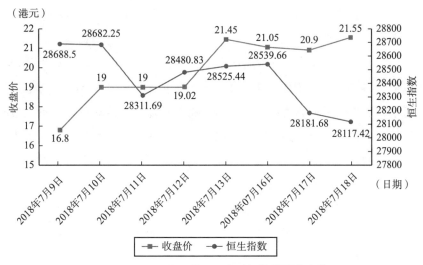

**图7-1 Xm公司首日开盘后短期股票收盘价**

注：7月14日、15日为休盘日。
资料来源：根据港交所信息披露整理。

### 2. 长期股价变动趋势

图7-2中为Xm公司2018年7月9日开盘日至2021年3月的季度股价变动趋势，体现了Xm公司长期股价趋势。从长期股价变动来看，2018年7月上市后进入长期下跌，股价最低点近乎腰斩，而在2020年第三季度开始又有了高度涨幅，截至2021年3月并未体现出较为稳定的基准线。而同期恒生指数从长期来看，除去2020年疫情"黑天鹅"事件期间受到全球形势影响出现超幅下跌之外，其余时间的涨跌都表现出了一定基准线，而2020年第四季度至2021年第一季度期间，随着疫情缓解，恒生指数又回到了27000~29000之间，体现出一定程度的稳定性。

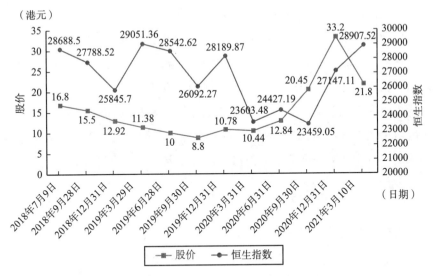

**图7-2 Xm公司上市后长期股票收盘价**

资料来源：根据港交所信息披露整理。

Xm公司上市后股价长期跌破发行价，甚至腰斩，且在破发价区两年毫无起色。但其实2018～2019年Xm公司的经营数据十分乐观，市值却逐渐蒸发。在股价走低的同时，Xm公司的经营情况与盈利情况并不是很差，总收入上涨、各业务线都表现出增长，总体业绩表现较好，可谓逆势增长。

股价如此不尽如人意，长期来看原因是多方面的。2018～2019年的整体下跌，从宏观上而言，与手机市场的整体衰退有关。2018年，小品牌的手机厂商几乎都已经退出市场，众多二线手机品牌如魅族、HTC等手机品牌生存艰难，彼时的Xm公司全球出货量并未挤进一线，并且在高端机方面竞争力不足，与全球龙头手机厂商苹果、华为等的出货量存在断崖式差距。

在此关键战略期，2019年雷某大胆调整Xm公司的整体战略，双管齐下，一方面调整产品库存、实现5G抢跑；另一方面将Xm公司互联网企业的一面充分发挥，提出"5G+AIoT"战略，创建Xm公司生态，在IoT

领域形成品牌效应，呼应互联网服务。

企业概念的前进与战略的调整使得 Xm 公司在 2020 年疫情"黑天鹅"事件中展现出较强的韧性，成为 2020 年全球智能手机品牌全球出货量第四名，实现同比增长 10%。而 Xm 公司的战略升级与多元结构也使得二级市场投资者看到了 Xm 公司在压力与挑战中持续进化的能力，2020 年第三季度至第四季度，Xm 公司的股价一路上涨，在最高点实现了创始人雷某的承诺"让上市首日买入 Xm 公司股票的投资人赚一倍"。

### 7.2.2.5 公司治理效果得到提高

与公司现实情况匹配的股权架构能促进公司治理机制的有效运行，使公司的治理水平与公司业绩正向相关，形成一个良性循环。因此，公司业绩是公司治理效果的重要衡量指标，也体现了公司的治理成果。

基于上述分析，接下来本书就以企业业绩为出发点，对 Xm 公司的偿债能力、盈利能力、营运能力和发展能力进行了分析，并探究 Xm 公司在以双重股权结构上市前后的公司治理效果究竟如何。本部分选取了 Xm 公司 2015～2020 年半年报相关数据进行上市前后的对比分析并与另一港股上市企业 Tx 公司进行比较，判断 Xm 公司的公司治理效果是否有所提升以及是否具有与行业龙头公司进行竞争的水平。

1. 偿债能力分析

分别采用流动比率与资产负债率反映 Xm 公司与 Tx 公司的偿债能力。通常情况下，认为短期偿债能力指标流动比率应在 2% 左右上下浮动越少越佳。根据 Xm 公司年报信息，如图 7-3 所示，2015～2020 年，Xm 公司的流动比率在 117%～172% 之间，且 2018 年上市后流动比率有一定提升，基本稳定在 149%～172% 之间，展现出利好趋势，表明 Xm 公司实行双重股权结构后偿债能力逐渐变强，充分体现了双重股权结构的制度优势，为企业良好稳定经营提供了保障。Tx 公司的流动比率基本稳定在 105%～148% 之间，从年报数据来看，Xm 公司的短期偿债能力总体优于 Tx 公司。

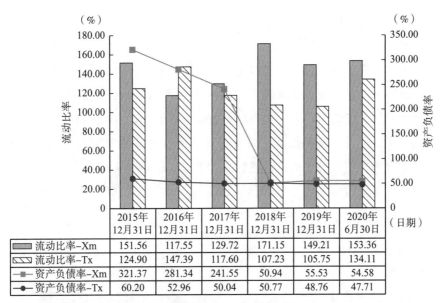

| | 2015年<br>12月31日 | 2016年<br>12月31日 | 2017年<br>12月31日 | 2018年<br>12月31日 | 2019年<br>12月31日 | 2020年<br>6月30日 |
|---|---|---|---|---|---|---|
| 流动比率-Xm | 151.56 | 117.55 | 129.72 | 171.15 | 149.21 | 153.36 |
| 流动比率-Tx | 124.90 | 147.39 | 117.60 | 107.23 | 105.75 | 134.11 |
| 资产负债率-Xm | 321.37 | 281.34 | 241.55 | 50.94 | 55.53 | 54.58 |
| 资产负债率-Tx | 60.20 | 52.96 | 50.04 | 50.77 | 48.76 | 47.71 |

**图 7 - 3　Xm 公司与 Tx 公司偿债能力对比（单位：%）**

资料来源：根据万得和国泰安数据库数据整理。

　　资产负债率用以衡量公司负债水平，体现公司的长期偿债能力，一般认为，资产负债率的适宜水平是 40% ~ 60%，资产负债率超过 100%，则表示企业资不抵债。Xm 公司在上市前的资产负债率均超过 200%，主要原因是 Xm 公司的 9 轮融资都采用可转换可赎回优先股进行融资。在港交所所依据的国际会计准则 IFRS9 的指导下，Xm 公司把所发行的可转换可赎回优先股划分为以公允价值计入当期损益的金融负债，因此造成 2015 ~ 2017 年资产负债率均超过 200%。Xm 公司上市后，所有可转换可赎回优先股均转换为普通股，自 2018 年起资产负债率回归正常区间，均处于 50% ~ 56% 之间，体现了 Xm 公司稳定的长期偿债能力。而 Tx 公司的资产负债率则较为稳定。

　　2. 盈利能力分析

　　盈利能力选取每股净资产与每股收益作为衡量指标。企业的盈利能力不仅能反映一定时期内的销售水平，也可以确保企业持续生存和发展，同时还是评估企业绩效的重要指标。

通过图 7-4 中每股净资产与每股收益的数据，可以看出 Xm 公司在上市前后每股净资产与每股收益有了根本性的提升，由负转正。但这也是由于公司 IPO 之前发行的可转换可赎回优先股，公司经营业绩越来越好，以经营利润、经营净利率为主的经营指标不断上扬，市场对 Xm 公司预期估值也不断上升，使得投资人持有可转换可赎回优先股公允价值不断上升，上升的价值以公允价值亏损计入损益表，造成 2015～2017 年的大额亏损，因此该指标不能作为 2015～2017 年 Xm 公司盈利能力不佳的依据。

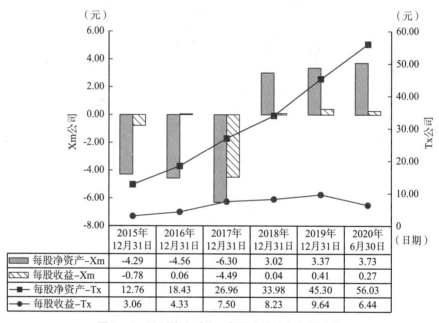

| （日期） | 2015年 12月31日 | 2016年 12月31日 | 2017年 12月31日 | 2018年 12月31日 | 2019年 12月31日 | 2020年 6月30日 |
|---|---|---|---|---|---|---|
| 每股净资产-Xm | -4.29 | -4.56 | -6.30 | 3.02 | 3.37 | 3.73 |
| 每股收益-Xm | -0.78 | 0.06 | -4.49 | 0.04 | 0.41 | 0.27 |
| 每股净资产-Tx | 12.76 | 18.43 | 26.96 | 33.98 | 45.30 | 56.03 |
| 每股收益-Tx | 3.06 | 4.33 | 7.50 | 8.23 | 9.64 | 6.44 |

图 7-4　盈利能力对比 - 每股净资产与每股收益

资料来源：根据万得和国泰安数据库数据整理。

自 2018 年开始，Xm 公司的每股净资产与每股收益均为正，但是两者都无法与 Tx 公司相比。可以看出 Xm 公司的盈利能力相比较弱。这一方面是低毛利的性价比战略的体现；另一方面也是打击投资者信心的重要因素，如何平衡战略与盈利能力，将是 Xm 公司需要关注并克服的难点。

### 3. 营运能力分析

公司的营运能力衡量指标使用总资产周转率进行衡量。从营业收入来看，Xm 公司在 2015 年营业收入 668.11 亿元、2016 年营业收入 684.34 亿元、2017 年营业收入 1146.25 亿元。从总资产增长率来看，Xm 公司上市前后总资产增长率呈稳定上升趋势。总体而言，上市后 Xm 公司的数据波动幅度较小，抵御市场风险能力不断增强，资产规模增长也在不断加快。

总资产周转率反映了企业资产的管理质量和利用效率。本书利用总资产周转率来反映 Xm 公司的营运能力，一般企业对总资产周转率设置的标准为 0.8，因 2020 年采用年中报营业收入数据，因此总资产周转率数值不作为参考。由图 7-5 可知，除 2020 年以外，Xm 公司的总资产周转率均在 1 以上，因此认为 Xm 公司的资产利用效率较高，资产周转速度较快。而 Tx 公司的总资产周转率始终在 0.43~0.5 之间，资产周转速度不理想。

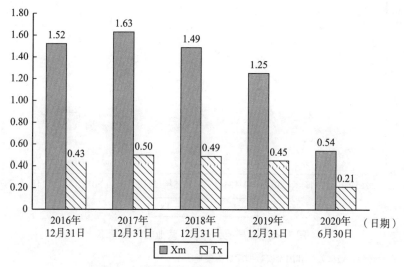

**图 7-5　营运能力分析 - 总资产周转率**

资料来源：根据万得和国泰安数据库数据整理。

公司决策层的高决策水平将会带来较高的资产利用率，因此采用双重股权结构的公司创始人直接决策的效率大于同股同权的公司，总体来看，Xm 公司的总资产周转率较高。这说明，Xm 公司的资产利用效率较高，管理层决策效率较高。双重股权结构可以保持 Xm 公司原有的人力资本优势，提高决策效率。

4. 发展能力分析

发展能力指标采用营业收入增长率，指标值越高，表明企业营业收入的增长速度越快，企业市场前景越好也越强大。由于 2020 年数据采用年中报，营业收入值无法参考，因此 2020 年数据不作为参考。从图 7-6 中可以看出，Xm 公司除 2016 年的营业收入增长率较低以外，其他年份均在 17% 以上。Tx 公司作为发展较为成熟、体量更加庞大的互联网公司，营业收入增长速度一直处于 20% 以上。

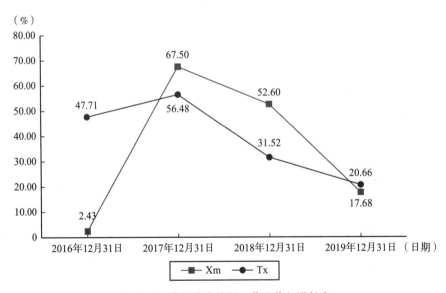

图 7-6　发展能力分析-营业收入增长率

资料来源：根据万得和国泰安数据库数据整理。

综上所述，Xm 公司在采用双重股权架构上市以后，公司的业绩水平实现了较为稳定的增长，体现出治理水平的提高。其中偿债能力、营运能力和发展能力都表现良好，盈利能力也与企业战略相吻合。

# 7.3 Xm公司引入双重股权结构的风险防范分析

## 7.3.1 Xm公司引入双重股权结构制度的风险

### 7.3.1.1 代理成本增加风险

由于股权结构高度集中，因此创始人与管理层的代理问题就出现了，同时公众股东和公司管理层也爆发了代理问题。

针对本案例，在创始人和公司管理层的代理问题方面，因为Xm公司的创始人和管理层高度重合，雷某本人直接是管理层的最高领导，因此拥有绝对话语权，几乎不存在第一类代理问题，即创始人和管理层的代理问题。第二类代理问题即公众股东和公司管理层的代理问题较为突出，创始人拥有公司控制权，极易掌控股东大会、监事会、董事会等，由于存在较大的决策信息门槛，创始人可以使用特殊手段与企业管理成员合谋，作出损害公司价值、损害中小投资者的行为。因此Xm公司的主要代理成本和代理风险体现在外部投资者或中小投资者与管理层的代理问题方面。

Xm公司的董事会构成为12个席位，其中有3位独立董事，另外9个席位由代表Xm公司管理层的成员担任。公司的执行董事有两位，分别为雷某和林某，都拥有公司的决议权及执行权，其余则为非执行董事，只享有议案提出权。因此Xm公司的管理层只需要和3位独立董事达成合谋，就可以完全控制企业管治委员会。这导致公司的决策可能出现监管缺失风险，公司管理委员会的监督行为会受到相关部门的影响，监事会相关监督成本提升，公共投资者的权益很难受到强制维护，公司管理层的机会主义成本风险大大增加。2018 年第二季度的行政支出中，Xm 董事会授予雷某 98 亿元薪酬，无疑直接损害了投资者利益。可见 Xm 公司代理成本的增加在现实实质上损害了当年企业利润，使得外部投资者的收益受到侵害。

### 7.3.1.2　外部股东监督功能失效风险

同股同权制度的企业，上市后极易面临恶意收购风险，尤其是外部投资者与控股创始人的意见相左严重时，因此此类公司在进行决策时，会十分重视控股权较大的外部股东的意见，尽可能达成一致。如此看来，外部股东的恶意收购实际上存在一定程度的监督效应，促使公司控股方注重提升企业绩效，为投资者带来更大收益。

但是在双重股权制度下，Xm 公司的创始人拥有过半表决权，企业没有被恶意收购的风险，但同时外部股东处于比较被动的处境，无法对创始人的决策作出有效的制衡和限制，决策合理性主要依靠外部市场和创始人内因来保障。因此，外部股东的监督功能处于几乎失效状态。

## 7.3.2　Xm 公司引入双重股权结构制度的风险应对措施

### 7.3.2.1　外部投资者利益保护制度

公司引入双重股权结构以后，Xm 公司的创始人能利用高表决权股票掌握公司的控制权，成为公司的内部控制人，从而在公司内部推行自己的创业理念。所以，创始人在进行决策时不一定是为了实现利润，为公司创造经济利益，有时可能会为了实现自己的创业初衷，而作出与企业利益相反的决策，这些决策可能会损害到中小投资者的利益。另外，有时由于创始人决策失误，导致公司投资者利益受到损害。但是因为公司的绝对控制权掌握在创始人手中，外部投资者对企业的真实运营情况难以及时判断，公司的信息披露与决策动向也都相对闭塞，对以上两种风险，外部投资者难以把控，最终将会导致投资者利益得不到保障。

因此，有必要建立公平的市场制度，触发市场的博弈机制，保障各类股东对企业的股份、权利、义务都有充分的信息接收，在信息充分披露的前提下进行决策博弈，相互之间达成相对有利的结果，防止出现创始人对低表决权股东的不公平裹挟。

例如，应当要求 Xm 公司建立严格的信息披露，全面透明化决策，从而保障公司众多公众投资者的知情权；同时还要建立公司的投资者利益诉讼体系，以便能够事后追踪，如果公司的中小股东受到利益侵害，有渠道能够向相关部门表达利益诉求，进行投诉，索取相应赔偿，并对企业作出处罚；除此之外，公司董事会的独立董事席位应当更加受到重视，通过增加人数比例，提高董事会决策的公平性。

### 7.3.2.2　管理层绩效考核制度

除了外部投资者应当有更多更加公开透明的渠道对创始人的决策进行监管，还应该对管理层在相关制度上给予相应的约束和限制。由于公司引入了双重股权结构，公司被恶意收购的威胁已经基本被消除，基于此，Xm 公司的创始人将多数精力集中在了实现"发烧梦"上，并未将企业盈利作为首要目标，在企业短期利益与长期利益的博弈中，或许可能以牺牲短期收益来换取企业长期的发展与市场地位，但是其中的平衡需要相应的制度来进行把控，否则 Xm 公司将会成为创始人实现私人梦想的"私人公司"，尤其是对于掌握了绝对控制权且主导意识极强的创始人而言。

因此，对 Xm 公司管理层的相关考核应当比同股同权的企业更加慎重和全面，并且将重点集中在绩效考核和盈利水平上。创始人为企业创造的利润、对资金的利用率、对企业的投资回报率等相关指标，都应当进行严格的落实与公开。若创始人没有达到指标要求，将应给予一定程度的惩罚，如缩小 A 类普通股的表决权等。假如公司可以坚持客观合理的业绩考评办法，创始人团队必将更加注重绩效与发展的平衡，使得外部投资者的利益得到更大程度的维护，企业代理成本也会降低，企业的价值将会得到更好的体现，企业将会有更加长远的发展。

# 7.4  结论及启示

## 7.4.1  研究结论

结合互联网企业特征，创始人与外部投资者在投资目的、人力资本基础以及风险承担方面存在显著差别。互联网企业中，基于股东同质性假定的同股同权制度不一定适用于现实企业，主要可以概括为三个方面：第一，互联网企业的高速融资需求，使得创始团队很难有足够的时间进行资本积累，只能使用快速引进外部融资方式进行扩张；第二，互联网企业的融资特点容易稀释创始人的控制权，双重股权结构恰恰解决了股权融资和控制权转移的困境；第三，创始人的特定人力资本成为互联网企业的核心资源，双重股权结构能够最大限度地发挥创始人的人力资本优势。因此，充分考虑股东异质性的条件下，双重股权结构或将成为互联网企业融资途径的合理选择。双重股权架构将充分满足创始人团队的控制权需求和外部投资者的低成本获利需求，成为创始人融资需求与投资者获利需求的制衡制度。

双重股权结构获得企业认同的动因也因投资者视角的不同而不尽相同。第一，企业融资需求通过双重股权制度得到快速解决；第二，创始人团队控制权需求通过双重股权制度得以维持；第三，对于外部投资者，上市前参与融资的外部投资者可以通过双重股权制度用节省人力资本的方式换取更多收益，上市后的二级市场投资者也因股价波动而拥有获取高收益的机遇。双重股权结构相对于同股同权结构更能同时平衡多方诉求，满足各方动机。

并且，双重股权结构将会为企业带来积极影响，有效解决企业融资与创始人团队控制权稀释的矛盾，在保持创始人专有人力资本的前提下，保障了企业的长期战略稳定持久。通过对 Xm 互联网公司的案例分析，本书认为双重股权结构对互联网企业产生的效果主要包括以下几个方面：（1）有效解决企业融资与创始人控制权稀释的矛盾；（2）保持创始人人力资本优势；（3）保障企业战略持久连贯；（4）企业获得较好的市场价值表现；（5）公司治理效果得到提高等。双重股权结构在二级市场上也获得良好反馈，为提高公司治理效果作出贡献，从而实现投资者收益上升，最终产生保护全体投资者利益的效应。

但其制度风险也不可忽视，针对企业公众投资者对管理层的代理成本增加、外部股东监督功能失效等一系列潜在风险需要提出应对措施，如引进外部投资者利益保护制度、增加管理层绩效考核制度等。

## 7.4.2　案例分析相关启示

1. 进一步推进"同股不同权"在我国的建设

截至 2024 年 6 月，在我国境内只有在科创板上市的公司以及在港交所上市的公司被允许引入双重股权结构，而其他上市公司却不能采用不同股权结构。上市公司面对自身公司的需求，在上市时，将会进行公司治理机制与法律制度的衡量与博弈，这样会对监管层造成较大压力，双重股权结构上市是此间博弈的较好解决方案。如果中国境内主板上市规则依旧坚持同股同权制度，境内的许多优秀互联网企业，乃至其他行业的优秀企业将会被迫在境外上市。

现状将会促使监管机构正视证券市场的现实，重视互联网企业的公司治理需求并顺应时代发展的要求。同股不同权的股权结构的实现，将有助于大量优秀境外上市公司重返中国境内股市。因此，监管机构也应审视市场发展的需要，为我国企业提供高质量的发展土壤，进一步提升中国资本市场的竞争力，或许在未来更易吸引外资企业在中国上市。

2. 完善信息披露制度、股东追责制度以及诉讼救济制度

双重股权结构在保障创始人决策地位的同时，也增加了公司代理成

本。因此，对采用双重股权结构的公司应当加强监管，制定严格的准则，保障信息披露，使信息披露更加公开透明。尤其是重大经营决策事项、关联交易事项等。

在已经允许不同表决权结构公司上市的科创板与港交所中，建议完善A类股东的资格评价体系，建立股东追责制度并完善诉讼救济制度。A类普通股的持有人应当受到严格的排查和监督，并且每年都对A类普通股的持有人进行决策评估，通过完善的监督制度和追溯管理保障投资人的权益。

# 第8章

# 研究结论与政策建议

## 8.1 主要研究结论

本书从可变利益实体的视角对我国引入双重股权结构制度进行研究。我国建立资本市场之初,股权结构高度集中,由于上市公司"一股独大"的股权结构导致控股股东的"隧道挖掘"行为,损害了公众股东利益,打击了投资者的信心,不利于资本市场稳定。当前,高度集中的股权结构仍是我国资本市场中亟须解决的公司治理问题。

双重股权结构在西方国家发展了 100 多年,通过在美国、日本、德国、法国和新加坡等国家和地区的实践发现,双重股权结构已被证明在很大程度上保障了创始人的控制权,是公司建立高效管理团队的有效手段。相比较于"一股一权"的传统股权结构制度,引入双重股权结构之后,公司可以发行表决权不同的股票,允许 B 类股票含有多份表决权,从而保障创始人、控股股东的控制权,保障公司可持续地健康稳定运行,有利于公司的长远发展。

同时,引入双重股权结构制度仍存在一定的风险。2018 年底我国宣布在上海证券交易所设立科创板,并允许特殊股权结构企业在科创板上市,迈出了我国引入双重股权结构的第一步。然而双重股权结构赋予了创始人股东极大的表决权，违背了传统"一股一权"的平等原则，我国目前制定的《上海证券交易所科创板股票上市规则》和相关配套制度还不足以很好地保护中小股东的权益，亟须进一步的完善。实务中，其他股东的制衡也能在一定程度上缓解控股股东的"隧道挖掘"行为。

引入双重股权结构的主要风险在于控股股东的表决权更大了，相比较于在"一股一权"的股权结构下同等的"隧道挖掘"行为谋取的控制权私有收益更高了，控股股东更容易将其风险和成本转嫁到公众股东身上，所以，不利于公众股东权益保护，但是通过制度设计对这种风险进行预警，是可以防范的。本书分别从法理层面以及公司制度层面提出了相关建议，对我国引入双重股权结构进行设计。

在相关法律法规层面，要加强对高表决权股票的监督，与此同时，还要建立集体诉讼制度，建立对中小股东的救济制度。集体诉讼制度有利于中小股东权益的保护，不仅应该在法律上提供有效的制度保障，而且还要在诉讼程序上提供便利。权利受损的中小投资者将拥有更便利、低成本的维权渠道，而对违法者则需进行严厉威慑和打击，有效遏制和减少资本市场的违法行为。

在公司制度层面，建立相应的保障与激励机制，有效地控制国有股在公司股权中的占比，严格控制、监督公司内部的运作，保护投资者的利益。公司内部也可以设立考核制度，对于无法作出独立判断或者不能有效监督的独立董事，经考核不合格者予以清退，考核时也应按照"一股一票"原则投票。为了有效保护中小股东权益，保证其利益不受损害，独立董事中应有中小股东的利益代表，同时保障中小股东具有选举独立董事的权利。在表决权高度集中的情况下，独立董事不被他人所控制尤为重要。本书分别从法理层面和公司制度层面对双重股权结构的引入进行制度设计，有效缓解引入双重股权结构的风险，为双重股权结构的引入提供制度参考。

在本书第5章中，对我国引入双重股权结构的风险识别和防范问题进行分析和研究。通过 2019 年 1 月在上海证券交易所设立科创板并允许特殊股权结构企业上市,我国迈出了引入双重股权结构的第一步。尽管当时该制度尚未在 A 股市场全面推行,而且还存在诸多制度问题亟待解决,但这一举措表明引入双重股权结构是我国的现实选择,并且具备可行性。借鉴美国等国家和地区采用双重股权结构的经验可以发现,该制度引入面临法律和制度障碍。因此,认识引入双重股权结构可能带来的风险,建立相应的风险防范体系显得尤为重要。

引入双重股权结构制度存在着一些挑战。首先,它对中小股东权益保护不利,并面临政策监管风险。当前实现本土化需要克服法律、政策和制度方面的障碍。双重股权结构的运作可能损害中小股东权益,并有政策监管风险,使得本土化进程困难重重。因此,在引入双重股权结构制度时,必须有效控制风险。尽管西方国家已经实践了 100 多年,但也暴露出一些负面效应。要充分发挥其制度优势,就需要提供有效的制度保障,建立健全风险预警机制。

在第 6 章中,本书梳理了双重股权结构下的制度设计。最主要的是引入双重股权结构的法理风险和控股股东的道德风险。双重股权结构制度自身的特点无法降低投资者、股东、公司对于控股股东的依赖性,所以必须在法律、法规中对于双重股权结构制度下的控股股东责任进行明确规定,建立健全完善的投资者保护机制,起到法律教育、引导、警示等作用。

基于此,本书研究了如何识别法理逻辑风险、道德风险、政策监管风险等,并建立了风险预警体系。相应地提出有针对性的风险防范措施,以期为我国境内引入双重股权结构提供制度保障建议,有效降低引入双重股结构的风险。

在本书第 7 章中,选用 Xm 公司作为典型企业案例,首先,详细研究了 Xm 公司的上市背景、公司实施双重股权结构的具体内容以及公司实施双重股权结构的内在动因。其次,进一步具体分析使用双重股权制度为 Xm 公司带来的积极影响,通过分析 Xm 公司的财务指标,探讨其公司治理效果的变化。最后,从现实角度指出双重股权结构给 Xm 带来的相关风险，并提出对应的措施建议，以期作为我国企业股权制度选择的参考。从具体案例企业存在的风险，建设和完善引入双重股权结构的风险控制体系，切实推进我国公司股权制度改革，为经济高质量发展提供制度保障。

# 8.2 政策建议

## 8.2.1 通过建立相关法律对越权侵害他人利益的股东进行惩戒

新《公司法》放开了公司引入双重股权结构的限制，但相关配套制度仍不完善。同时，双重股权结构的立法不是一蹴而就的，不能简单照搬国外的做法，一定要结合我国社会主义市场经济特征和我国资本市场的实际需要，不能操之过急。要深入分析我国的经济发展状况，熟悉我国经济发展和资本市场的薄弱环节，才能作出更细致的安排。应该注意到，我国资本市场发展起步晚，和欧美等国资本市场相比有显著差异，最主要的区别就是股权集中度更高，在此背景下，引入双重股权结构对公众股东、中小股东的影响会更大，所以，引入过程要循序渐进，慎重选择。

同时，因为双重股权结构的制度设计更容易导致控股股东的"隧道挖掘"行为，因此有必要以法律的形式规定在双重股权结构下哪些行为合法，哪些行为不合法。双重股权结构作为特殊的股权结构制度，本身并没有在公司治理层面损害股权制衡效用。但引入双重股权结构以后，公司的创始人或高级管理者会为追逐自身利益，造成公司现金流的浪费，因此有必要完善法规制度限制控股股东行为，避免控股股东的"隧道挖掘"行为，提高其机会主义行为的成本，降低其控制权滥用行为。事实上，对于大部分公司而言，"一股一权"的股票仍是其首选，但是对于很多科技创新企业而言，双重股权结构制度为其提供了更多选择，也为公司的长期稳定发展提供了制度保证。

综上所述，同股同权仍是世界资本市场的主流方式，同时允许双重股权结构作为补充。如此，在不影响我国资本市场稳定发展的前提下，为科技创新型公司发展保驾护航，引入双重股权结构，从法理逻辑层面解决了公司的后顾之忧，这有利于我国资本市场的长远发展，为经济高质量发展贡献制度保障。

## 8.2.2 加强对高表决权股的监督

双重股权结构的引入在保障创始人控制权的同时，也提升了公司表决权的集中度。所以，引入双重股权结构时必须要考虑创始人的需求、能力和资源，同时也要清楚地认识到，创始人及其团队也是理性的经济人，如不对其权利加以监督，那么高表决权很可能成为其"隧道挖掘"的工具。

在内部治理结构上，《上海证券交易所股票上市规则》显然低估了特别表决权的影响，除了在4.5.12条款中规定监事会对股东滥用特别表决权损害其他投资者合法权益出具专项意见外，其余基本沿用一般上市治理结构。而港交所的《主板上市规则》中要求设立以非执行独立董事组成的企业管治委员会，并聘请常设的合规顾问。美国的公司法中也制定了独立董事制度，要求这些独立于公司的董事对公司事务作出独立的判断，可以在公司内部形成权力制衡的局面，以便普通股东监督特别表决权的行使，并维护他们自身的利益。为强化独立董事的监督作用，可以从五个方面着手：（1）保持独立股东的独立；（2）提高独立董事独立性的判断标准；（3）增加独立董事的席位；（4）限制独立董事的兼任数量；（5）完善考核奖惩机制。

此外，可以对股东之间的表决权差异加以区分，如此，有利于创始人将自己的专业技能和理念贯彻到公司中，同时又可预防其专权行为。

加强对高表决权的监督，可以从两方面下功夫，第一，从公司层面加强对高表决权的监督；第二，对公司高表决权股的时效加以限定。在进行制度设计时，务必要保持"责权利"对等，不论何时何地，权利和义务对等，引入双重股权结构以后，创始人有了高表决权股票，保障了其控制权地位，那么就要接受更多的监督和约束。高表决权股在享有表决优越感的同时，要承担更多责任。因为高表决权对公司的战略决策和经营管理影响更大。因此，有必要在公司战略决策的制定和实施过程中加强监督。

## 8.2.3  建立集体诉讼制度，完善公平的诉讼制度

加强监督是事前的保护机制，但是无论事前保护规定多么完善，也不可能完全避免侵害中小股东权益情况的发生，在侵害发生后，如何能够维权、将损失尽可能地降低，完善事后的司法救济途径是非常重要的。

美国有较为完善的集体诉讼制度为中小股东权益兜底，所谓集体诉讼，就是由利益受侵害的股东群体派出代表向侵害人提起民事诉讼，降低诉讼的成本，提高诉讼的效率，也间接对公司形成有力的监督。目前在我国对上市公司违法行为的诉讼成功率并不高，证券民事诉讼法律和集体诉讼律师等都比较匮乏，双重股权结构的引进因中小股东的权益容易受到侵害而对集体诉讼制度的完善提出了更紧迫的要求。鉴于此，我们可以借鉴美国诉讼制度，建立我国的集体诉讼制度，切实维护公众股东利益。

司法救济是股东权益保护的最后一道防线，具备强制赔偿功能，这一点其他保护方式不具备。我国现行《公司法》规定股东的权益救济主要包括三类，分别是撤销之诉、股东知情权规定、代为诉讼（也称股东代表诉讼）。这三类权益救济在实践运用中有很多限制条件，如撤销之诉有相应的诉讼担保要求；股东知情权规定在某些情形下，公司有权拒绝股东查阅公司信息的要求，而且这里的某些情形很难判定是合理还是不合理；代为诉讼条款也限定了需要相应的前提条件才能提起诉讼，并且对诉讼代表资格要求很严，且股东代为诉讼代表的是公司，诉讼利益归公司所有，其诉讼事由也只是针对大股东侵害公司利益等事项，但现实中，大股东可能会出于利己性的考虑，侵犯的是其他股东或者公众投资者的利益，而未侵犯

公司利益。例如，控股股东低买高卖股票，大规模套现行为，从法律角度来看，这些行为并未损害公司利益，但是却实实在在损害了公众股东利益，尤其是在双重股权结构下损害了低表决权股东利益。此时，当公众股东的权益遭到损害时如何进行救助？首先，在相关配套措施中，可以建立先行赔付机制（苏渝，2017），在漫长的诉讼过程结束之前，先由第三方全部或部分赔付给受害人，提高股东获得赔偿的效率，同时通过立法确定第三方赔付资金的来源、赔付的程序、收回资金的途径等，确保机制的顺利运行。其次，应该强化证券侵权民事责任、行政责任、刑事责任之间的衔接，目前在责任划分的轻重缓急中，民事责任没有得到足够的重视，当公司无法承担巨额罚款时，中小股东将无法得到足够的赔偿，因此在发生责任竞合时应当将民事赔偿放在首位，优先保证处于弱势地位的中小投资者的利益。中国的集体诉讼制度对中小股东权益的保护，不仅应该从法律上提供有效的制度保障，而且还要在诉讼程序上提供便利。让权利受损的中小投资者拥有更加便利和低成本的维权渠道，而对违法者则应采取严厉威慑和打击，有效遏制和减少资本市场的违法行为。

## 8.2.4　完善公司内部治理结构

现阶段，我国引入双重股权结构是现实需求，有其合理性。我国科技创新型企业因具有创新的核心竞争力而迅速发展，但是如何解决资金问题是企业生存与继续发展的巨大考验。因此，目前我国已将科创板作为引入双重股权结构的试点，率先在科创板进行采用双重股权结构制度的尝试，无论是对科技创新型企业而言，还是对其他类型企业和资本市场而言都是一次重大的制度创新。基于此，我国引入双重股权结构制度后，务必应加强制度顶层设计，在双重股权结构的优势充分发挥出来的同时，将负面效应降到最低，将控股股东的权力关进制度的笼子里，探索全面采用双重股权结构的经验。

若在我国资本市场适时全面引入双重股权结构，为了发挥双重股权结构的积极作用，应建立相应的激励和约束机制。从体制与机制上逐步完善上市公司的治理模式，促进我国上市公司的质量，保护投资者利益。当前，众多学者认为在上市公司中应逐渐建立数个法人投资者相对控股的状态，这样一方面避免了"搭便车"现象，另一方面又避免了"一股独大"现象。

具体的制度可以从两个方面展开。

### 1. 强化公司信息披露

双重股权结构作为特殊的股权结构制度安排，其最重大的意义在于维护创始人的控制权地位，但是这种绝对控制权对公司来说是否有利，对资本市场健康发展来说是否有利存在很大的不确定性。在双重股权结构中，控股股东以外的股东丢失的是表决权，收益权不受影响，但是在没有表决权的情况下如何实现其收益权则需要进行制度安排。

具体来说，可以借鉴香港证券交易所和新加坡证券交易所的经验，对信息披露的内容进行补充完善。（1）我国境内各证券交易所上市规则虽在公开发行的上市文件中对公司实行双重股权结构进行了说明，但没有细化到在对外界发布的公告、财报、通知等显眼处都标注说明公司结构的警示句，并且在股份末尾并没有像港交所《主板上市规则》一样要求标上"W"作为标识，加上明确标识更能让公众投资者快速识别该公司的股权结构，而不是在复杂冗长、晦涩难懂的文件中寻找相关信息；（2）上市公司应对采用双重股权结构的必要性和安全性进行说明。该公司应说明其采用双重股权结构的合理理由，并且证明该结构对公司的发展有帮助，公司内部应制定相关措施保护公众投资者的利益，不能让投资者为创始人想要保有控制权的主观意愿买单；（3）目前我国《证券法》对定期或不定期报告中重大事件的解释还不明确，应当在相关法律法规中对重大事件的标准进行细化，并规定重大事件发生后对外公布的时间限制，保证信息的时效性、完整性。

### 2. 健全独立董事制度

在我国，对中小股东权益保护进行监督的机构主要有董事会和监事会，但是在实践中，两种制度都存在较大问题。独立董事的设立本是希望外部独立的董事能在董事会公允地参与公司治理，但在实践中，独立董事很难真正发挥监督作用，被称为"花瓶董事"。

为强化独立股东的监督作用，让其在双重股权结构下发挥作用，可以从以下方面着手：（1）保持独立董事的独立。首先是聘任上的独立，公司持股 1% 以上的股东均可提出独立董事候选人，而控股股东的提名权应该得到限制，同时在独立董事选举投票时应实行"一股一权"制。其次是经济上的独立，独立董事的薪酬可以由目前的津贴形式改为津贴加奖金甚至津贴加股利的形式，激发独立董事的工作热情。（2）提高独立董事独立性的判断标准。目前我国证监会对于独立董事与公司人员的关系界定标准还稍有欠缺，对社会关系的定义是兄弟姐妹、岳父母、儿媳女婿、兄弟姐妹的配偶、配偶的兄弟姐妹等，没有将同学、好友等关系纳入其中，也没有将债权或债务关系纳入独立性界定，立法上应当完善这方面的判定标准，公司也可以聘请中介机构对独立董事的人际关系进行调查评价。（3）增加独立董事的席位。目前的独立董事席位一般只占董事会的 1/3，而双重股权结构下为了与突出的表决权达成平衡，应当增加独立董事占比，使其能够更有效地实行其监督和建议职能。因此，增加独立董事的席位，保证其在董事会中的话语权至关重要，对采用双重股权结构的公司来说，增加独立董事人数能够增加对控股股东的监督力度，主要是在其行使多倍表决权时。通过增加独立董事的人数来增强独立董事的权力，确保能够有效发挥监督制约的作用。根据中国证监会《关于在上市公司建立独立董事制度的指导意见》的规定，上市公司董事会成员中应当至少包括 1/3 的独立董事。如果公司采用了双重股权结构，在 1/3 的基础上应提高独立董事在董事会的比重。（4）限制独立董事的兼职数量。独立董事除了自己的本职工作以外还要担任上市公司的独立董事，个别独立董事同时在多个上市公司任职，工作量大，导致分身乏术，投入到公司的精力十分有限，在双重股权结构下为了更加有效地对特别表决权的实施进行监督，证监会应对兼职数量的上限进行合理调整。（5）完善考核奖惩机制。完善相关法律法规，对独立董事的权、责、利、奖、惩进行明确的规定，使得职权行使有法可依，对与股东有利益勾结行为的独立董事进行惩罚也有规可循。公司内部也可以设立考核制度，对于无法作出独立判断或者不能有效履行监督职责的独立董事，经考核不合格者应予以清退，考核时也应按照一股一票原则投票。为了有效保护中小股东权益，保证其利益不受损害，独立董事中应有中小股东的利益代表，同时保障中小股东具有选举独立董事的权利。在表决权高度集中的情况下，保证独立董事不被他人所控制尤为重要。

### 8.2.5　加强监督机制，培养有监督意识和能力的公司部门

由于公司改制的不彻底性，国有产权虚置，国家持股较高的公司往往对管理层监督不力，董事会、监事会转变为代理人而不是委托人，公司决策制衡机制不复存在，公司治理结构严重扭曲。从理论上讲，国有股减持，流通股增加可以使公司治理得以改善，决策约束得以充分发挥。但由于我国上市公司流通股大多被中小股东持有，"搭便车"现象严重，这样国有产权虚置和中小股东"搭便车"共存就会构成公司治理的死结。股权结构难以优化，"内部操作"难以得到有效抑制，这必然会阻碍公司绩效的提高。因此，加强监督机制，培养有监督意识和能力的新群体将会是解开这一死结，提高公司绩效的有效途径。

## 8.3　研　究　局　限

本书在文献的梳理、数据的收集与整理等方面还存在完善的空间，加上研究时间有限，存在以下方面局限：

（1）本书的研究对象是我国引入双重股权结构的公司。具体来说，主要是创新型和高新技术类公司，针对双重股权结构的特点更适应于这类公

司，这是为了在研究中排除众多难以解释的因素，但同时也限制了研究成果的普适性，对于诸如在金融业，农林牧渔业的上市公司，本书的研究结论是否可以适用这些公司，有待进一步研究。

（2）从可变利益实体视角进行双重股权结构引入的制度设计时，由于双重股权结构否定了"一股一权"的现有制度安排，挑战了科斯的产权理论，故分析引入双重股权结构的法理逻辑以可变利益实体为出发点寻找进一步的根据。实行双重股权结构的公司作为一种可变利益实体，本书考虑了从可变利益实体的利弊及生存发展空间视角，如从法律层面、公司制度层面进行制度设计，但仍然有个别角度没有列入考虑。

（3）从可变利益实体视角设计双重股权结构引入的风险防范机制时，对双重股权结构可能会加剧现有的公司治理中管理层的道德风险和逆向选择进行了详细分析，从法理逻辑角度、道德风险角度、金融风险角度、政策风险角度进行了识别与防范，但在引入双重股权结构之前，我们不能预计将会出现的所有风险，这部分没有预计到的风险尚未设计风险防范机制。

# 参 考 文 献

［1］安邦坤．审慎推动双重股权结构公司上市［J］．中国金融，2018
（8）：35－37．

［2］巴曙松，巴晴．双重股权架构的香港实践［J］．中国金融，2018
（11）：76－78．

［3］薄仙慧，吴联生．国有控股与机构投资者的治理效应：盈余管理
视角［J］．经济研究，2009（2）：81－91．

［4］常柏梵．我国企业利用 VIE 结构境外融资的监管问题研究［J］．
财会月刊，2013（4）：42－44．

［5］陈耿，杜烽．控股大股东与定向增发价格：隧道效应、利益协同
效应及其相互影响［J］．南方经济，2012（6）：32－43．

［6］陈海声，梁喜．投资者法律保护、两权分离与资金占用——来自
中国 2006 年度公司法调整前后的并购公司数据［J］．南开管理评论，
2010，13（5）：53－60．

［7］陈红，杨凌霄．我国国有控股上市公司治理：现实困境及制度求
解——基于双重委托代理理论的分析框架［J］．当代经济研究，2012
（3）：64－69，93．

［8］陈晶璞，郑维维．不同股权结构对盈余管理的影响［J］．会计之
友，2020（12）：55－60．

［9］陈骏，徐玉德．并购重组是掏空还是支持——基于资产评估视角
的经验研究［J］．财贸经济，2012（9）：76－84．

［10］陈若英．论双层股权结构的公司实践及制度配套——兼论我国

的监管应对［J］. 证券市场导报，2014（3）：4 – 9.

［11］陈小悦，徐晓东. 股权结构、企业绩效与投资者利益保护［J］. 经济研究，2001（11）：3 – 11，94.

［12］池昭梅，陈炳均. 双重股权结构对企业创始人控制权的影响——以小米集团赴港上市为例［J］. 财会月刊，2020（9）：13 – 20.

［13］杜媛. 何种企业适合双重股权结构？——创始人异质性资本的视角［J］. 经济管理，2020，42（9）：160 – 175.

［14］冯根福，韩冰，闫冰. 中国上市公司股权集中度变动的实证分析［J］. 经济研究，2002（8）：12 – 18 + 93.

［15］冯果，段丙华. 公司法中的契约自由——以股权处分抑制条款为视角［J］. 中国社会科学，2017，4（3）：116 – 136，206 – 207.

［16］冯向前. 创业板公司引入多重股权架构探讨［J］. 证券市场导报，2014（12）：46 – 50.

［17］高闯，张清. 双层股权结构运作与企业创新型发展的关联度［J］. 改革，2017（1）：99 – 109.

［18］高菲，周林彬. 上市公司双层股权结构：创新与监管［J］. 中山大学学报（社会科学版），2017，57（3）：186 – 193.

［19］高菲. 争议中的双层股权结构：国际经验及对中国的启示［J］. 理论月刊，2018（8）：130 – 137.

［20］葛伟军. 论类别股和类别权：基于平衡股东利益的角度［J］. 证券法苑，2010，3（2）：574 – 595.

［21］关鑫，高闯. 我国上市公司终极股东的剥夺机理研究：基于"股权控制链"与"社会资本控制链"的比较［J］. 南开管理评论，2011（6）：16 – 24.

［22］郭雳，彭雨晨. 双层股权结构国际监管经验的反思与借鉴［J］. 北京大学学报（哲学社会科学版），2019，56（2）：132 – 145.

［23］韩宝山. 橘兮？枳兮？——权变视角下国外双重股权研究中的争议［J］. 外国经济与管理，2018，40（7）：84 – 98.

[24] 何贤杰，朱红军．利益输送、信息不对称与定向增发折价［J］．中国会计评论，2009，7（3）：283－298．

[25] 胡望斌，张玉利，杨俊．同质性还是异质性：创业导向对技术创业团队与新企业绩效关系的调节作用研究［J］．管理世界，2014（6）：92－109，187－188．

[26] 户盼盼．双重股权结构制度及其立法引介［J］．商业经济研究，2016（22）：116－117．

[27] 华生，林辉，钟腾，卢遥．A股市场引入双层股权结构可行吗——基于交易空间与交易市场视角的分析［J］．财贸经济，2019，40（11）：98－112．

[28] 江伟，沈艺峰．负债、资源控制与大股东剥削［J］．南开经济研究，2008（5）：96－110．

[29] 姜英兵，于彬彬．股权分置改革影响控股股东的现金持有偏好吗？［J］．会计研究，2013（4）：58－65．

[30] 蒋冬梅，付燕．双重股权结构对非效率投资的影响研究［J］．商业研究，2018（10）：108－117．

[31] 蒋学跃．公司双重股权结构问题研究［J］．证券法苑，2014（13）：27－44．

[32] 孔宁宁，王晶心．中国在美上市公司私有化退市动因研究［J］．财会月刊，2015（30）：77－79．

[33] 莱纳·克拉克曼，等．公司法剖析：比较与功能视角（第2版）［M］．罗培新，译．北京：法律出版社，2012．

[34] 黎明，刘文琦．政府干预、大股东财务困境与"掏空"［J］．中国注册会计师，2015（9）：69－73．

[35] 李翠仿，王钰，史淋．定向增发、利益输送与资本市场监管［J］．财会通讯，2014（12）：55－57．

[36] 李海英，李双海，毕晓方．双重股权结构下的中小投资者利益保护——基于Facebook收购WhatsApp的案例研究［J］．中国工业经济，

2017（1）：174 – 192.

[37] 李鸿渐，张辉. 双层股权制度下的中小投资者利益保护研究
[J]. 会计之友，2021（2）：29 – 35.

[38] 李俪. 双层股权结构本土化的潜在风险与防范制度研究——兼
评科创板特别表决权规则[J]. 金融监管研究，2019（12）：19 – 37.

[39] 李明辉. 股权结构、公司治理对股权代理成本的影响[J]. 金
融研究，2009（2）：149 – 168.

[40] 李善民，王彩萍. 股权结构对我国上市公司治理影响研究述评
[J]. 经济理论与经济管理，2002（6）：70 – 74.

[41] 李四海，周泳彤. 中国创始人与控制权：王朝思维还是契约精
神？[J]. 清华管理评论，2016（10）：22 – 28.

[42] 李维安. 阿里上市与网络治理模式创新[J]. 南开管理评论，
2014，17（2）：1.

[43] 李维安，求艾超，牛建波，徐业坤. 公司治理研究的新进展：
国际趋势与中国模式[J] 南开管理评论，2010（12）：13 – 24.

[44] 李维安. 上市公司治理准则：奠定中国证券市场可持续发展的
制度基础[J]. 南开管理评论，2002（1）：1.

[45] 李拯非，张宏. 创始人特质、家族涉入与小微企业成长[J].
东岳论丛，2020，41（6）：110 – 120，192.

[46] 刘峰，贺建刚，魏明海. 控制权、业绩与利益输送——基于五
粮液的案例研究[J]. 管理世界，2004（8）：102 – 110，118.

[47] 刘峰，贺建刚. 股权结构与大股东利益实现方式的选择——中
国资本市场利益输送的初步研究[J]. 中国会计评论，2004（1）：141 –
158.

[48] 刘海东. 双层股权结构下的股东利益保护与董事的忠实义务
[J]. 东岳论丛，2018，39（8）：126 – 135.

[49] 刘启亮，李增泉，姚易伟. 投资者保护、控制权私利与金字塔
结构：以格林柯尔为例[J]. 管理世界，2008（12）：139 – 147.

[50] 刘少波. 控制权收益悖论与超控制权收益 [J]. 经济研究, 2007 (2): 85–96.

[51] 刘胜军. 新经济下的双层股权结构: 理论证成、实践经验与中国有效治理路径 [J]. 法学杂志, 2020, 41 (1): 83–98.

[52] 刘显福. VIE架构拆除过程中的税务问题与筹划空间 [J]. 财会通讯, 2019 (17): 113–121.

[53] 刘星, 付强, 郝颖. 终极控制人代理、两权分离模式与控制权私利 [J]. 系统工程理论与实践, 2015, 35 (1): 75–85.

[54] 刘毅. 股东权利保护研究 [M]. 北京: 北京大学出版社, 2016: 27–31.

[55] 刘玉龙, 任国良, 文春晖. "虚""实"终极控制、金字塔组织演化与大股东掏空 [J]. 中国经济问题, 2014 (3): 40–49.

[56] 刘志远, 毛淑珍. 我国上市公司股权集中度影响因素分析 [J]. 证券市场导报, 2007 (10): 42–48.

[57] 刘宗锦. 互联网科技企业海外上市双重股权结构分析——以京东为例 [J]. 财会通讯, 2015 (34): 14–16.

[58] 卢遥, 汲铮, 华生. 双层股权结构的制度变迁与启示——基于文献的历史演进梳理及分析 [J]. 经济体制改革, 2020 (5): 127–134.

[59] 鲁桐. "独角兽"回归对资本市场的挑战 [J]. 中国金融, 2018 (12): 73–74.

[60] 陆宇建. 公司二元股权结构研究述评和展望 [J]. 外国经济与管理, 2016, 38 (5): 86–98.

[61] 吕长江, 肖成民. 最终控制人利益侵占的条件分析——对LLSV模型的扩展 [J]. 会计研究, 2007 (10): 82–86.

[62] Lucian A. Bebchuk, Kobi Kastiel, 罗伟恒. 上市公司永久双层股权结构的不合理性 [J]. 经济法学评论, 2019, 19 (2): 227–263.

[63] 马立行. 美国双层股权结构的经验及其对我国的启示 [J]. 世界经济研究, 2013 (4): 30–34, 88.

[64] 马新啸，汤泰劼，郑国坚．非国有股东治理与国有企业的税收规避和纳税贡献——基于混合所有制改革的视角［J］．管理世界，2021，37（6）：128－141，8．

[65] 毛世平，吴敬学．金字塔结构控制与公司价值——来自于中国资本市场的经验证据［J］．经济管理，2008（14）：34－44．

[66] 彭真明，曹晓酿．控制权博弈中的双层股权结构探析——以破解股权融资与稀释的困境为视角［J］．证券市场导报，2016（7）：69－78．

[67] 齐宇，刘汉民．国外同股不同权制度研究进展［J］．经济社会体制比较，2019（4）：169－178．

[68] 权小锋，吴世农，文芳．管理层权力、私有收益与薪酬操纵［J］．经济研究，2010（11）：73－87．

[69] 冉茂盛，钟海燕，文守逊，邓流生．大股东控制影响上市公司投资效率的路径研究［J］．中国管理科学，2010（4）：165－172．

[70] 山峻，夏东．上市公司控制性股东隧道挖掘效应的实证研究［J］．管理学刊，2013，26（6）：37－42．

[71] 沈朝晖．双层股权结构的"日落条款"［J］．环球法律评论，2020，42（3）：71－84．

[72] 石晓军，王鹜然．独特公司治理机制对企业创新的影响——来自互联网公司双层股权制的全球证据［J］．经济研究，2017（1）：149－164．

[73] 宋春霞．科技创业企业股权融资："才引财来"还是"财逐才入"［J］．外国经济与管理，2019（3）：141－152．

[74] 唐建新，李永华，卢剑龙．股权结构、董事会特征与大股东掏空——来自民营上市公司的经验证据［J］．经济评论，2013（1）：86－95．

[75] 唐清泉，罗党论．现金股利与控股股东的利益输送行为研究——来自中国上市公司的经验证据［J］．财贸研究，2006（1）：92－97．

[76] 唐宗明，蒋位. 中国上市公司大股东侵害度实证分析 [J]. 经济研究，2002 (4)：44 - 50，94.

[77] 汪青松. 公司控制权强化机制下的外部投资者利益保护——以美国制度环境与中概股样本为例 [J]. 环球法律评论，2019，41 (5)：143 - 159.

[78] 王鳌然，胡波. 双层股权结构研究进展 [J]. 经济学动态，2018 (9)：115 - 127.

[79] 王斌，刘一寒. 美国公司双重股权结构：溯源、争议及借鉴 [J]. 财务研究，2019 (5)：3 - 14.

[80] 王长华，卞亚璇. 科创板差异化表决权安排制度略论 [J]. 金融发展研究，2020 (4)：70 - 78.

[81] 王春艳，林润辉，袁庆宏，李娅，李飞. 企业控制权的获取和维持——基于创始人视角的多案例研究 [J]. 中国工业经济，2016 (7)：144 - 160.

[82] 王桂英，乌日罕. 上市公司股权结构设计的理性思考——以宝万之争为例 [J]. 会计之友，2018 (24)：21 - 25.

[83] 王化成，曹丰，叶康涛. 监督还是掏空：大股东持股比例与股价崩盘风险 [J]. 管理世界，2015 (2)：45 - 57.

[84] 魏良益. 我国创新型企业引入双重股权结构制度研究——基于股东异质性视角 [J]. 经济体制改革，2019 (3)：102 - 108.

[85] 魏明海，程敏英，郑国坚. 从股权结构到股东关系 [J]. 会计研究，2011 (1)：60 - 67，96.

[86] 吴术豪. 双层股权结构：风险与法律监管 [J]. 东南大学学报（哲学社会科学版），2020，22 (S2)：108 - 112.

[87] 吴英霞. 论双重股权结构法律制度的构造 [J]. 东北农业大学学报（社会科学版），2017，15 (5)：72 - 77，96.

[88] 谢会丽，何鑫. 股权融资过程中创始人控制权维护——以阿里巴巴为例 [J]. 生产力研究，2017 (1)：31 - 34.

[89] 徐浩萍，王立彦. 控制权收益的股权再融资信号探析 [J]. 经济理论与经济管理，2006（8）：24 – 29.

[90] 徐莉萍，辛宇，陈工孟. 股权集中度和股权制衡及其对公司经营绩效的影响 [J]. 经济研究，2006（1）：90 – 100.

[91] 徐细雄，刘星. 放权改革、薪酬管制与企业高管腐败 [J]. 管理世界，2013（3）：119 – 132.

[92] 徐向艺，王俊韡. 控制权转移、股权结构与目标公司绩效 [J]. 中国工业经济，2011（8）：89 – 98.

[93] 徐晓松. 挑战与变革：国企混改与多层次国家股权控制体系 [J]. 中州学刊，2019（10），53 – 60.

[94] 许鹏鸿. VIE 结构拆除中注册会计师注意事项探讨——以暴风影音为例 [J]. 财会通讯，2017（13）：91 – 94.

[95] 许萍，郭榕倩. 我国互联网科技公司双重股权结构研究——以阿里巴巴为例 [J]. 财务与金融，2019（2）：86 – 89.

[96] 许荣，徐星美，权小锋. 中国企业集团关联交易：掏空支持还是相互保险 [J]. 经济理论与经济管理，2015（12）：66 – 77.

[97] 燕志雄，费方域. 企业融资中的控制权安排与企业家的激励 [J]. 经济研究，2007（2）：111 – 123.

[98] 杨菁菁，程俊威，朱密. 双重股权结构对股利政策的影响——基于在美上市的中概股的经验证据 [J]. 金融经济学研究，2019，34（6）：17 – 28，104.

[99] 杨文平，刘嫦. 定向增发、现金认购与利益输送——基于熊猫烟花的案例分析 [J]. 财会月刊，2015（9）：65 – 69.

[100] 姚瑶. 双层股权结构：基于企业家的企业理论的解释 [J]. 广东财经大学学报，2018，33（3）：97 – 102.

[101] 叶继英，张敦力. 控股股东、高管股权激励与现金股利政策 [J]. 财经问题研究，2014（2）：60 – 66.

[102] 叶康涛，陆正飞，张志华. 独立董事能否抑制大股东的"掏

空"？[J].经济研究，2007（4）：101－111.

[103] 于培友，邵昂珠，李青格.优刻得双重股权结构对公司治理的影响 [J].财务与会计，2020（24）：30－34.

[104] 于莹，梁德东.我国双层股权结构的制度构造 [J].吉林大学社会科学学报，2021，61（2）：66－75，236.

[105] 俞红海，徐龙炳，陈百助.终极控股股东控制权与自由现金流过度投资 [J].经济研究，2010（8）：103－114.

[106] 喻凯，许蕊.双重股权结构对盈余管理的影响研究 [J].财会通讯，2018（21）：87－89，111，129.

[107] 袁淼英.证券中小投资者权益保护制度的构建路径 [J].暨南学报（哲学社会科学版），2018，40（11）：57－66.

[108] 张舫.美国"一权一股"制度的兴衰及其启示 [J].现代法学，2012（2）：152－163.

[109] 张舫.一股一权原则与不同表决权股的发行 [J].重庆大学学报（社会科学版），2013（1）：50－54.

[110] 张横峰，邱晨怡.我国引入双重股权结构的制度设计研究 [J].财会通讯，2018（32）：80－83.

[111] 张横峰，邱晨怡.我国引入双重股权结构的风险识别与防范 [J].财会通讯，2019（17）：83－86.

[112] 张继德，陈昌彧.双重股权结构相关理论综述与国内推行展望 [J].会计研究，2017（8）：62－67，95.

[113] 张连起.VIE结构拆除的中概股回归之路 [J].中国注册会计师，2016（4）：107－110.

[114] 张群辉.科创板双重股权结构制度研究——基于投资者保护的视角 [J].上海金融，2019（9）：17－22.

[115] 张欣楚.双层股权结构：演进、价值、风险及其应对进路 [J].西南金融，2019（6）：37－44.

[116] 张燕，邓峰.创始人控制权保持、双重股权结构与投资者利益

保护——基于股东异质性视角的多案例研究 [J]. 财会通讯, 2019 (27): 96 – 101, 111.

[117] 张耀伟. 终极控制股东两权偏离与企业绩效: 公司治理的中介作用 [J]. 管理科学, 2009, 22 (3): 9 – 16.

[118] 张亦春, 孙君明. 经济调整对中国商业银行经营的影响及对策研究 [J]. 金融论坛, 2009, 14 (7): 5 – 9.

[119] 张跃进. 股份有限公司同股异权原则的具体表现及实践价值 [J]. 财会通讯, 2019 (32): 82 – 85.

[120] 赵金龙, 张磊. 双重股权制度中的 "日落条款" [J]. 河北大学学报 (哲学社会科学版), 2020, 45 (5): 146 – 153.

[121] 赵晶, 关鑫, 高闯. 社会资本控制链替代了股权控制链吗?——上市公司终极股东双重隐形控制链的构建与动用 [J]. 管理世界, 2010 (3): 127 – 139.

[122] 赵玉芳, 夏新平, 刘小元. 定向增发、资金占用与利益输送——来自中国上市公司的经验证据 [J]. 投资研究, 2012, 31 (12): 60 – 70.

[123] 郑艳秋, 江涛, 姜薇. 定向增发中的资产注入与利益输送方式研究 [J]. 会计之友, 2015 (7): 32 – 36.

[124] 郑洋. ＊ST 河化暂停上市几近定局 72 个交易日股价大涨 71. 40% [N]. 证券日报, 2010 – 10 – 25 (B03).

[125] 郑彧. 上市公司实际控制人法律责任的反思与构建 [J]. 法学研究, 2021, 43 (2): 95 – 106.

[126] 周嘉南, 段宏, 黄登仕. 投资者与创始人的争斗: 冲突来源及演化略径——基于我国公廾冲突事件的案例分析 [J]. 管理世界, 2015 (6): 154 – 163.

[127] 周颖, 武慧硕, 方索琴, 徐继伟. 金字塔持股结构与资本结构——基于中国上市企业面板数据的研究 [J]. 管理评论, 2012, 24 (8): 21 – 28.

[128] 朱慈蕴, 沈朝晖. 类别股与中国公司法的演进 [J]. 中国社会

科学, 2013 (9): 147 - 162, 207 - 208.

[129] 朱德胜. 控股股东、股权制衡与公司股利政策选择 [J]. 山东大学学报 (哲学社会科学版), 2010 (3): 80 - 87.

[130] 朱红军, 何贤杰, 陈信元. 定向增发"盛宴"背后的利益输送: 现象、理论根源与制度成因——基于驰宏锌锗的案例研究 [J]. 管理世界, 2008 (6): 136 - 147, 188.

[131] 朱武祥, 潘玉平. 资本配置行为、资产置换与资源配置绩效: 东方集团案例分析 [J]. 管理世界, 2002 (8): 116 - 124, 138.

[132] A. A. Alchian. Corporate Management and Property Rights [A]. Manne, H. G. Economic Policy and The Regulation of Securities [C]. Washington, DC: The George Washington University Press, 1969.

[133] A. Gavin. Thomas. Update on Consolidation of Variable Interest Entities [J]. Lending Rev, 2010 (25): 18 - 26.

[134] Anonymous. Private Company Council Proposal on Consolidation of Variable interest Entities [J]. California Cpa, 2013, 82 (4): 6.

[135] A. Reinstein, N. T. Churyk. Auditing and Accounting for the Consolidation of Variable Interest Entities [J]. Journal of Corporate Accounting & Finance, 2013, 24 (6): 55 - 57.

[136] A. Reinstein, N. T. Churyk, S. S. Berde. Changes in accounting and auditing for consolidation of variable interest entities [J]. Journal of Corporate Accounting & Finance, 2012, 23 (4): 55 - 60.

[137] Arrell, Poulsen. Dual Class Recapitalization as Antitakeover Mechanism: The Recent Evidence [J]. The Journal of Financial Economics, 1988, 20 (1 - 2): 129 - 152.

[138] A. Wilson, J. Jones. New accounting guidance for Variable Interest Entities: Will the New Rules Reduce the Risk? [J]. Review of Financial Studies, 2004, 12 (1): 37 - 41.

[139] Bauguess. Further Evidence on the Relationship Between Ownership

and Performance [J]. Financial Economics, 2012 (6): 123 –135.

[140] B. Boehmer, G. Sanger, S. Varshney, M. Lewis. The Effect of Consolidated Control on Firm Performance: The Case of Dual-class IPOs. In Empirical Issues in Raising Equity Capital [M]. Amsterdam: Elsevier, 1996.

[141] B. D. Jordan, S. Kim, M. H. Liu. Growth Opportunities, Short – Term Market Pressure, and Dual – Class Share Structure [J]. Journal of Corporate Finance, 2016, 41 (12): 304 –328.

[142] Berle, A. Adolf, G. C. Means, M. L. Weidenbaum. The Modern Corporation and Private Property [M]. Londer: Macmillan, 1932.

[143] B. Fabio, G. Mariassunta. Changing corporate governance norms: Evidence from dual class shares in the UK [J]. Financial Intermediation, 2019 (37): 15 –27.

[144] B. Lauterbach, Y. Yafeh. Long Term Changes in Voting Power and Control Structure Following the Unification of Dual Class Shares [J]. Journal of Corporate Finance, 2010, 17 (2): 170 –186.

[145] B. L. Connelly, R. E. Hoskisson, L. Tihanyi, et al. Ownership as a Form of Corporate Governance [J]. Journal of Management Studies, 2010 (8): 1561 –1589.

[146] B. Maury, A. Pajuste. Multiple Large Shareholders and Firm Value [J]. Journal of Banking & Finance, 2005, 29 (7): 1813 –1834.

[147] C. Bergstrom, K. Rydqvist. Ownership of Equity in Dual – Class Firms [J]. Journal of Banking and Finance, 1990, 14 (2 –3): 255 –269.

[148] C. J. Fombrun, C. V. Riel. The Reputational Landscape [J]. Corporate Reputation Review, 1997, 1 (1): 5 –13.

[149] C. M. Callahan, Smith, A. W. Spencer. An Examination of the Cost of Capital Implications of FIN 46 [J]. The Accounting Review, 2012, 87 (4): 1105 –1134.

[150] C. Rose. A Critical Analysis of the "One Share – One Vote" Con-

troversy ［J］. In International Journal of Disclosure and Governance，2008，5 （2）：126 – 139.

［151］ D. C. Ashton. Revisiting Dual – Class Stock ［J］. St. John's Law Review，1994，68 （4）：863 – 960.

［152］ D. L. Kang，A. B. Sorensen. Ownership Organization and Firm Performance ［J］. Annual Review of Sociology，1999 （25）：121 – 144.

［153］ D. Miller，J. Shamsie. The Resource – Based View of the Firm in Two Environment：The Hollywood Film Studios from 1936 to 1965 ［J］. Academy of Management Journal，1996，39 （3）：519 – 543.

［154］ D. P. C. Jain. Recapitalization of one class of common stock into dual-class：Growth and long-run stock returns ［J］. Journal of Corporate Finance，2006 （12）：342 – 366.

［155］ D. R. Fischel. Organized Exchanges and the Regulation of Dual Class Common Stock ［J］. The University of Chicago Law Review，1987，54 （1）：119 – 152.

［156］ Eisenhardt，M. Kathleen. Academy of Management ［J］. The Academy of Management Review，1989，14 （1）：57 – 74.

［157］ F. H. Easterbrook，D. R. Fischel. Voting in Corporate Law ［J］. In Journal of Law and Economics，1983，26 （2）：395 – 427.

［158］ F. H. Easterbrook，R. Fischel. Antitrust Suits by Targets of Tender Offers ［J］. Michigan Law Review，1982，80 （6）：1155 – 1178.

［159］ Fleming，M. John. Identifying Variable Interests in Variable Interest Entities ［J］. Pennsy Lvania CPA Journal，2006，12 （6）：14 – 18.

［160］ F. Partnoy. Shapeshifting Corporations ［J］. The University of Chicago Law Review，2009，76 （1）：261 – 288.

［161］ G. Avey，B. James，J. Bruce. Psychological Ownership：Theoretical Extensions，Measurement and Relation to Work Outcomes ［J］. Journal of Organizational Behavior，2009，30 （2）：173 – 191.

[162] G. Balp. Activist Shareholders at De Facto Controlled Companies Brooklyn [J]. Journal of Corporate, Financial and Commercial Law, 2019, 13 (2): 341 – 393.

[163] G. E. Levie. Founder's Human Capital, External Investment, and the Survival of New High – Technology Ventures [J]. Research Policy, 2010, 39 (9): 1214 – 1226.

[164] G. Jiang, C. M. C. Lee, H. Yue. Tunneling through Inter-corporate Loans: The China Experience [J]. Journal of Financial Economics, 2010, 98 (1): 1 – 20.

[165] G. M. Gulati, A. K. William, M. Z. Eric. Connected Contracts [J]. In SSRN Electronic Journal, 2000, 47 (4): 887 – 948.

[166] H. Deangelo, L. Deangelo. Capital Structure, Payout Policy, and Financial Flexibility [J]. SSRN Electronic Journal, 2007, Doi: 10. 2139/ssrn. 916093.

[167] H. DeAngelo, L. DeAngelo. Managerial Ownership of Voting Rights: A Study of Public Corporations with Dual Classes of Common Stock [J]. Journal of Financial Economics, 1985, 14 (1): 33 – 69.

[168] H. Demsetz, K. Lehn. The Structure of Corporate Ownership: Causes and Consequences [J]. Journal of Political Economy, 1985, 93 (6): 1155 – 1177.

[169] H. Demsetz. Ownership, Control and Organization of Economic Activities: Diversity of Securities and Manager Shareholder Congruence [J]. Quarterly Journal of Economics, 2009 (109): 1027 – 1054.

[170] H. Lerong. Do Founders Matter? A Study of Executive Compensation, Governance Structure and Firm Performance [J]. Journal of Business Venturing, 2008, 23 (3): 257 – 279.

[171] I. Anabtawi. Some Skepticism about Increasing Shareholder Power [J]. UCLA Law Review, 2006, 53 (3): 561 – 600.

［172］I. Dittmann, N. Ulbricht. Timing and Wealth Effects of German Dual Class Stock Unifications ［J］. European Financial Management, 2008, 14 (1): 163 – 196.

［173］I. J. A. Dyckand, L. Zingales. Private Benefits of Control: An International Comparison ［J］. Journal of Finance, 2004, 59 (2): 537 – 600.

［174］J. Brickley, R. Lease, C. Smith. Ownership Structure and Voting on Antitakeover Amendments ［J］. Journal of Financial Economics, 1988 (20): 267 – 292.

［175］J. Milgrom, J. Roberts. Economics, Organization and Management ［M］. Englewood Cliffs, NJ: Prentice Hall. 1992.

［176］J. P. Fan, T. J. Wong. Corporate Ownership Structure and the Informativeness of Accounting Earnings in East Asia. Journal of Accounting and Economics, 2002, 33 (3): 401 – 425.

［177］J. W. Howell. The Survival of the U. S. Dual Class Share Structure ［J］. Journal of Corporate Finance, 2017 (44): 440 – 450.

［178］K. Lee. Corporate Voluntary Disclosure and the Separation of Cash Flow Rights from Control Rights ［J］. Review of Quantitative Finance and Accounting, 2007, 28 (4): 393 – 416.

［179］K. Lehn, J. Netter, A. Poulsen. Consolidating Corporate Control: Dual – Class Recapitalizations Versus Leveraged Buyouts ［J］. Journal of Financial Economics, 1990, 27 (2): 557 – 580.

［180］L. A. Bebchuk, K. Reinier, T. George. Stock Pyramids, Cross – Ownership, and Dual Class Equity: The Mechanisms and Agency Costs of Separating Control from Cash – Flow Rights ［A］. Morck, R. K. Concentrated Corporate Ownership ［C］. Chicago: University of Chicago Press, 2000.

［181］L. Baran, A. Forst, M. Via. Dual Class Share Structure and Innovation ［R］. Working Paper, 2018.

［182］L. Bebchuk, K. Kastlel. The Untenable Case for Perpetual Dual-class stock [J]. Virginia Law Review, 2017 (4): 585 – 629.

[183] L. P. Andrade, A. A. Bressan, R. A. Iquiapaza. Dual Class Shares, Board of Directors' Effectiveness and Firm's Market Value: An Empirical Study [J]. Journal of Management and Governance, 2017, 21 (4): 1053 – 1092.

[184] L. Porta, Rafael, Florencio, López – de – Silanes, A. Shleifer, W. V. Robert. Law and Finance [J]. Journal of Political Economy, 1998, 106 (6): 1113 – 1155.

[185] L. S. Bagwell. Shareholder Heterogeneity: Evidence and Implications [J]. American Economic Review, 1991, 81 (2): 218 – 221.

[186] M. C. Jensen, W. H. Meckling. Theory of the Firm: Managerial Behaviour Agency Costs and Ownership Structure [J]. Journal of Financial Economics, 1976, 3 (3): 305 – 360.

[187] M. Cremers, B. Lauterbach, A. Pajuste. The Life – Cycle of Dual Class Firm Valuation [R]. European Corporate Governance Institute, 2018 (12).

[188] M. Faccio, L. H. P. Lang. The Ultimate Ownership of Western European Corporations [J]. Journal of Financial Economics, 2002, 659 (3): 365 – 395.

[189] M. J. Barclay, C. G. Holderness. Private Benefits from Control of Public Corporations [J]. Journal of Financial Economics, 1989, 25 (2): 371 – 395.

[190] M. Jian, T. Wong. Propping through Related Party Transactions [J]. Review of Accounting Studies, 2010 (15): 70 – 105.

[191] M. L. Lemmon, K. V. Lins. Ownership structure, corporate governance, and firm value: Evidence from the East Asian financial crisis [J]. Journal of Finance, 2003, 58 (4): 1445 – 1468.

[192] M. M. Blair. Ownership and Control: Rethinking Corporate Governance for the Twenty – First Century [M]. Washington: The Brookings Institu-

tion, 1995.

[193] M. M. Omran, A. Fatheldin, A. Bolbol. Corporate Governance and Firm Performance in Arab Equity Markets: Does Ownership Concentration Matter? [J]. International Review of Law & Economics, 2007, 28 (1): 32 – 45.

[194] M. Partch. The Creation of a Class of Limited Voting Common Stock and Shareholders' Wealth [J]. Journal of Financial Economics, 1987 (18): 313 – 339.

[195] M. Rmorck, A. NaKamura. Shivdasan, Banks, Ownership Structure, and Firm Value in Japan [J]. Journal of Business, 2000, 73 (4): 539 – 567.

[196] N. Dai. Does Investor Identity Matter? An Empirical Examination of Investments by Venture Capital Funds and Hedge Funds in PIPEs [J]. Journal of Corporate Finance, 2007 (4): 538 – 563.

[197] O. Arugaslan, O. C. Douglas, K. Robert. On the Decision to Go Public with Dual Class Stock [J]. Journal of Corporate Finance, 2010, 16 (2): 170 – 181.

[198] O. Hart, B. Holmstrom. A Theory of Firm Scope [J]. Quarterly Journal of Economics, 2010, 125 (2): 483 – 513.

[199] O. Hart, J. Moore. Property Rights and Nature of the Firm [J]. Journal of Political Economy, 1990, 98 (6): 1119 – 1158.

[200] O. Lobanova, A. Barua, S. Mishra, A. J. Prakash. Earnings Informativeness in Dual-class Firms: An Empirical Investigation of the Earnings Quality and The Information Environment [J]. Review of Accounting And Finance, 2019, 18 (3): 399 – 431.

[201] P. Aghion, J. Tirole. Formal and Real Authority in Organizations [J]. Journal of Political Economy, 1997, 105 (1): 1 – 29.

[202] P. A. Gompers, J. Ishii, A. Metrick. Extreme Governance: An Analysis of Dual-class Firms in the United States [J]. Review of Financial Stud-

ies, 2007, 23 (3): 1051 – 1088.

[203] P. A. Gompers, J. Ishii, A. Metrick. Extreme Governance: An Analysis of Dual – Class Firms in the United States [J]. Review of Financial Studies, 2010, 23 (3): 1051 – 1088.

[204] P. Manowan, L. Ling. Dual Class Ownership Structure and Real Earnings Management [J]. International Journal of Accounting and Finance, 2013, 4 (1): 86 – 97.

[205] R. Ameer, R. A. Rahman. The Impact of Minority Shareholder Watchdog Group Activism on the Performance of Targeted Firms in Malaysia [J]. Asian Academy of Management Journal of Accounting & Finance, 2009 (5), (1): 67 – 92.

[206] R. C. Hanson, M. H. Song. Ownership structure and managerial incentives: the evidence from acquisitions by dual class firms [J]. Journal of Business Finance & Accounting, 1996 (23): 831 – 849.

[207] R. G. Rajan, L. Zingales. Power in a Theory of the Firm [J]. Quarterly Journal of Economics, 1998, 113 (2): 387 – 432.

[208] R. Gray, D. Owen, J. Bebbington. Seeing the Wood for the Trees: Taking the Pulse of Social and Environmental Accounting [J]. Accounting Auditing & Accountability Journal, 1999, 12 (1): 47 – 52.

[209] R. J Gilson. Evaluating Dual Class Common Stock: The Relevance of Substitutes [J]. Virginia Law Review, 1987, 73 (5): 807 – 844.

[210] R. L. Porta, F. Lopez – de – Silanes, A. Shleifer. Corporate Ownership Around the World [J]. Journal of Finance, 1999, 54 (2): 471 – 517.

[211] R. W. Masulis, C. Wang, F. Xie. Agency Problems at Dual-class Companies [J]. The Journal of Finance, 2009 (4): 1697 – 1727.

[212] S. Claessens, S. Djankov, L. H. P. Lang. The Separation of Ownership and Control in East Asian Corporations [J]. Journal of Financial Economics, 2000, 58 (12): 81 – 112.

［213］S. Djankov, C. Mcliesh, T. Nenova, A. Shleifer. Who Owns the Media ［R］. Working paper, 2001.

［214］Seligman, Joel. Equal Protection in Shareholder Voting Rights: The One Common Share ［J］. One Vote Controversy. In George Washington Law Review, 1986, 54（5）: 687 – 724.

［215］Serena Y. Shi. Dragon's House of Cards: Perils of Interesting in Variable Interest Entities Domicilled in The People's Republic Of China And Listed In The United States ［J］. Fordham International Law Journal, 2014, 11（37）: 1265 – 1308.

［216］S. J. Grossman, O. D. Hart. The Costs and Benefits of Ownership: A Theory of Vertical and Lateral Integration ［J］. The Journal of Political Economy, 1986, 94（4）: 691 – 719.

［217］S. Johnson, R. L. Porta. Lopez – De – Silanes F. Tunneling ［J］. American Economic Review, 2000, 90（2）: 22 – 27.

［218］Skog R. The Takeover Directive, the "Breakthrough" Rule and the Swedish System of Dual Class Common Stock ［J］. European Business Law Review, 2004, 15（6）: 1439 – 1451.

［219］Smart S. and C. Zutter. Control as a Motivation for Underpricing: A Comparison of Dual and Single Class IPOs ［J］. Journal of Financial Economics, 2003（69）: 85 – 110.

［220］S. P. Martin, F. Partnoy. Encumbered Shares ［J］. University of Illinois Law Review, 2005（3）: 775 – 813.

［221］Stephanie Ben Ishai, Poonam Puri. Dual Class Shares in Canada – An Historical Analysis ［J］. Dalhousie Law Journal, 2016, 47（6）: 319 – 336.

［222］Sung Wook Joh. Corporate Governance and Firm Profitability: Evidence from Korea before the Economic Crisis ［J］. Journal of Financial Economics, 2003, 68（3）: 287 – 322.

［223］Thomas J. Chemmanur, Yawen Jiao. Dual class IPOs: Atheoretical analysis [J]. Journal of Banking and Finance, 2012, 36 (1): 305 – 319.

[224] Tinaikar S. Voluntary disclosure and ownership structure: An Analysis of Dual Class Firms [J]. Journal of Management Governance, 2014 (2): 373 – 417.

[225] T. J. Chemmanur, T. Xuan. Do Antitakeover Provisions Spur Corporate Innovation? A regression Discontinuity Analysis [J]. Journal of Financial and Quantitative Analysis, 2018, 53 (3): 1163 – 1194.

[226] T. Li, N. Zaiats. Information Environment and Earnings Management of Dual Class Firms around the World [J]. Journal of Banking & Finance, 2017 (74): 1 – 23.

[227] Vannoy, Sandra A., Salam A. F. Managerial Interpretations of the Role of Information Systems in Competitive Actions and Firm Performance: A Grounded Theory Investigation [J]. Information Systems Research, 2010, 21 (3).

[228] V. Dimitrov, P. C. Jain. Recapitalization of One Class of Common Stock into Dual – Class: Growth and Long – Run Stock Returns [J]. In Social Science Electronic Publishing, 2003, 12 (2): 342 – 366.

[229] V. T. Nguyen, L. Xu. The Impact of Dual Class Structure on Earnings Management Activities [J]. Journal of Business Finance & Accounting, 2010, 37 (3 – 4): 456 – 485.

[230] Wang H. and X. Liu. The Impact of Investor Heterogeneity in Beliefs on Share Repurchase [J]. International Journal of Econometrics and Financial Management, 2014, 2 (3): 102 – 113.

[231] Wasserman N. Stewards, Agents and the Founder Discount: Executive Compensation in New Ventures [J]. Academy of Management Journal, 2006, 49 (5): 960 – 976.

[232] Weia Z., Varela O. State Equity Ownership and Firm Market Performance: Evidence from China's Newly Privatized Firms [J]. Global Finance

Journal, 2003, 14 (1): 65 – 82.

[233] Wei Dou, Stephen G. Ryan, Bi Qin Xie. The Real Effects of FAS 166/167 on Banks' Mortgage Approval and Sale Decisions [J]. Journal of Accounting Research, 2018, 56 (3): 843 – 882.

[234] Wilson Arlette Jones Jefferson. New accounting guidance for variable interest entities: Will the New Rules Reduce the Risk? [J]. Balance Sheet Volume, 2004, 12 (1): 37 – 41.

[235] Winden A. W. Sunrise, Sunset: An Empirical and Theoretical Assessment of Dual-class stock structure [J]. Columbia Business Law Review, 2018 (3): 215 – 248.

[236] W. Q. Peng, K. C. J. Wei, Z. Yang. Tunneling or Propping: Evidence from Connected Transactions in China [J]. Journal of Corporate Finance, 2011, 17 (2): 306 – 325.

[237] Wurgler J. Financial Markets and the Allocation of Capital [J]. Journal of Financial Economics, 2000, 58 (8): 187 – 214.

[238] Xiaodan Li, Yang Jiao, Min – Teh Yu, Yang Zhao. Founders and the Decision of Chinese Dual – Class IPOs in the U. S. [J]. Pacific – Basin Finance Journal, 2019 (7): 256 – 272.

[239] Y. Bozec. Ownership Concentration, Separation of Voting Rights from Cash Flow Rights, and Earnings Management: An Empirical Study in Canada [J]. Canadian Journal of Administrative Sciences, 2008, 25 (1): 1 – 15.

[240] Yin R. Case Study Research: Design and Methods (2nd ed. ) [M]. Beverly Hills, CA: Sage Publishing, 1994.